アリストテレスにはじまる
西欧デモクラシーの
哲学的伝統

山下正男

工作舎

目次

I

筆者の素性からお話します

　筆者は昭和6年 (1931) に生まれました。満州事変が起こった年です。それ以来どうにか戦禍をやり過ごし現在90歳を過ぎています。身体能力は衰えましたが頭の方は今なお健在です。

　次に誕生の場所ですが，大まかにいえば洛西つまり「京の都の西部」だといえるでしょう。古都京都は北山と東山と西山の三つにとりかこまれ，南の方は開けっ放しです。ですから洛西の地は西山の山麓一帯といえます。筆者はこの洛西の地に生を受け，住所は現在でも不動のままです。

　筆者が洛西の地で生まれたことは偶然にすぎませんが，そこで生まれたことは筆者の一生に重大な影響を与えたことは事実です。だからそれに因んで三つだけ歴史的なエピソードを紹介させていただきます。今でも朝起きますと東の比叡山が目に入ります。そしてそこらあたりから朝日が登ってきます。しかし，筆者のような人間に

は太陽は別として比叡山はいわば仇（かたき）の山です。京都には東には比叡山があり、西には愛宕山があります。この二つの山は仲が悪いのです。両者はけんかをしました。そしてなぐりあいになりました。先に手を出したのは比叡山の方です。愛宕山はなぐられました。ひどくなぐられたのでこぶができました。今でもそのこぶははっきり遠望できます。しかしこぶのおかげで愛宕山の標高が比叡山よりも少し高いのです。負けるが勝ちというところで、この話は洛西に住む人びとの抱く矜持の一つといえます。

　筆者の家から1kmばかり離れた西山の麓に薬師寺という名の小さなお寺があります。その寺の境内の片隅に小さなお堂があり、そこにひどく磨滅した小さな石像があります。この像は尊堯をかたどったものとされています。彼はもと比叡山で修行した立派な学僧でした。しかしあまりにも優秀だったのでねたまれて比叡山から追い払われます。そして逃げて来たのが比叡山とまむかいの西山の麓だったのです。この僧はそこでも学問に励んだのですが断えず比叡山をにらみつけながら一生を終ったといわれています。

　三つ目のエピソードは空海さんの話です。空海さんは日本史上きっての名僧であり、その学問といい、諸国行脚中の所業といい礼讃されてきました。しかし洛西の人間にとって空海さんは許し難い仇敵とされています。ことは神泉苑における空海と守敏との祈雨祈願の験くらべに始まります。空海は東寺のトップであり守敏は西寺のトップです。東寺と西寺は平安京のメインストリートである朱雀大路をはさんでライバル関係にあります。英語であるrivalはriver（川）を挟んでのにらみあいですが、ここでは都大路を挟んでのにらみあいです。さて祈雨の験くらべですが、まず守敏が試みます。しかしききめがありません。絶望的です。そこで空海と選手交代です。すると雨が降り出します。後出しジャンケンの勝利です。利口な空海

のやりそうなことです。その結果，面目を失った守敏は西寺を去ります。その後官寺である東寺を空海が譲り受けてわがものにしますが，西寺の方はさびれて全く姿を消してしまいます。そしてその後の再建は永久に実現しませんでした。守敏といえば行き場を失い，乞食僧にまでなり下がったといういい伝えさえあります。京の都はその後東西に分かれて完全にアンバランスな状態になり，この状況は今でも解消されていません。ですから京都の西半分の人びとの口惜しさももっともだといえます。

　以上三つのエピソードのどれもが西側にとって景気のよくない話ですから元気づけの話を一つだけ加えておきます。さきほどの愛宕山の話です。比叡山側から見ますとあやしげな烏天狗が寄り集まってよからぬことを相談している場所とみえたでしょう。しかし愛宕山にも立派な寺が立ち並び比叡山に負けない高僧たちもいました。そして彼らについての話が『今昔物語集』に書かれているので紹介いたします。愛宕山の僧侶たちも猛烈な修行の末，ついに仏さまをこの目で見られるようになりました。夜な夜な立派な仏さまが僧たちの前に現れるようになったのです。仏教ではこれを見仏といい，すさまじい荒行で意識不明の状態にならないと可能とならない現象です。ですから修行を重ねたとはいえ夜な夜な現れる仏が目にできるということは確かにこれほど有難いことはありません。しかしこの見仏の場面に愛宕山のもとからの住人である一人の猟師が居あわせ，彼もその仏の姿を見ることができました。しかし彼は僧たちの喜びのおすそわけをもらってともに有難がることはしませんでした。ちょっと待て，坊主たちは修行したのだから見えてもよいとして俺のような修行をするどころか殺生ばかりしている人間にも簡単に仏の姿が見えるとはおかしいと確信しました。そこで手にたずさえていた弓で仏の胸に向かって矢を放ちました。矢はみごとに仏の胸に

命中し，仏は血だらけになりながらどこかへ消えていきました。こんな暴挙を見て僧たちは怒りましたが猟師は落つき払って，夜が明けるまで待ってくださいといい，明るくなってからしたたる血の跡を追っていき，谷間に胸を射抜かれて死んでいる狸を発見しました。高僧たちは結局狸に化かされていたのです。名もなき庶民の目の方が僧たちより世界がよく見えていたのです。

　愛宕山にはもとから原住民が猟をしながら生活していたのです。そこへ僧たちが勝手にやってきて寺を建て，修行とやらをおっ始めました。そしてもとの住民たちを殺生をする輩だといって嫌いました。こうした構図は山民だけの話ではありません。山麓で農業に励んでいる農民たちも同様です。筆者は山麓の村に住んでいますが，根っからの農民たちは寺檀制度でよそから乗りこんで来た檀那寺の僧に対しては絶対に心を許しませんでした。

　農業で毎日を送っている農村の人びとは，もちろん軍国主義思想にも陶酔などしませんでしたし，戦後の共産党の山村工作とやらもみごとにはね除け，さらに創価学会の浸透をも許しませんでした。つまり山民たちも農民たちも現に生きている土地をよりどころに生活しているのであり，宗教やイデオロギーなどは二の次三の次であり，それどころかその虚妄性をぶち破って見せるだけの潜在力をもっていたのです。以上のことばは洛西の農村の一員として一生を送ってきた筆者の境遇から自然と湧き出したものとしてお聞き願いたいと思います。

　以上で筆者が東山とは対照的な西山の住人であり，しかもまぎれもなく農民身分に属していたという境遇がおわかりいただけたことと思います。そこでもう少し限定して筆者の生家のことに言及させていただきます。筆者の小学校時代のあだなは「ショーヤ」でした。もう少し大きくなってから調べてみると自分の住んでいる藁葺きで

式台のある古い大きな家は代々の庄屋の邸であったことがわかりました。しかも文書類からその領主は京都御所の側に住む神祇伯の白川家であることが判明しました。この家も他の公家と同様にその領地が一か所だけでなく京都郊外のあちこちに分散していました。ですから生家の庄屋も大きな領地を預っていたわけではありません。そのうえ生家は盛大に分家をおこなっていたため，耕作地の面積は大したものではありませんでした。したがって農地は傭い人無しに家族全員で耕していました。ですから筆者も子供の頃から田んぼに出て手伝いをさせられました。そうした生家は明治になってからは庄屋制度もなくなりただの一村民になりました。私の村も含めて近隣の村でも元庄屋の家は土地所有の広さに関しては大した変化は起こりませんでしたが，元庄屋の中には明治になってから土地を増やした者も出現しました。そういう状況の中で近在の村むらの旧庄屋の家では，長男に限って京都の大学に入学させることが当たりまえのようになっていました。大学には私立の大学もありましたが，官立の方が安上りだというので筆者はそちらを選びました。家計が苦しくなってきた父親は乗り気ではありませんでしたが，通っていた中学の先生が父親を説得してくれて，中学四年から飛び級で合格したならばよかろうといって許してもらい，なんとか大学予備校である当時の旧制第三高等学校にすべりこむことができました。

　入れてもらったのは文科乙類といってドイツ語が第一外国語であるクラスでした。ドイツ人の先生もおられてなまのドイツ語をたっぷり注入してもらいました。今から考えても旧制高等学校の教授たちのもっている雰囲気はいわくいいがたいものがありました。大学の教授よりも学者としてはずっと上なのに，中学出たてのガキどもに対して学問のなんたるかを身を以て伝えることだけでよしとしておられたのです。昔の高等学校は受験勉強などせずとも申しわけの

テストで全員大学に入れました。だから学生も好き放題をやっておればよかったのです。これは筆者の人生にとっても束の間の楽園だったと思います。教授たちも悠然としたもので，あるドイツ語の教授がドイツ語の授業なのに時間が来ても現れません。一部の学生が心配して学内を探しまわりました。そしてその教授が学内の散髪店の中で散髪中であるのを見つけて教室へ報告にもどりました。それを聞いて学生たちは大歓声を上げました。ずっとあとで知ったのですがその教授は有名ではなくても確かに本物の学者だったのです。

筆者にとって旧制高校の教授たちの生きざまは一生のお手本となったと思われます。ところで農村の中学生がそうした環境に入ってぼんやりしているうちになんと，哲学研究会のクラブに入ることになりました。ボート部に入って人気者になった連中もいましたが筆者にはそんな余裕はありません。ところがなんと哲学研究会に釣り上げられたのです。しかし，いくぶんかは自分にも入る気がなかったわけではありませんでした。

クラブは三学年制のうちの上級生が哲学の知識を披露してくれていましたが，道一つへだてた京大哲学科の若い先生も講師に来てくれました。彼はドイツからハイデッガーの著書である『形而上学とはなにか』のテキストを取り寄せて与えてくれ，ドイツ語の原文をもとにして話をしてくれました。ドイツ語を習い立ての筆者も辞書を引きながら奮闘しました。これは今の高校生でいえば2年生に当る年頃です。しかし他方もう一人の哲学の先生も指導をしてくれました。彼は論理学の先生であり，この先生はドイツの論理実証主義者であるカルナップの話をしました。そしてハイデッガーのいっていることはインチキだとカルナップという哲学者がいっていると教えてくれました。

学校では夢のような生活を送っていましたが，家へ帰れば住む家

は百姓家であり，忙しいときは進んで父の農作業を手伝いました。昔の高校は全寮制でしたが筆者の時にはその寮が全焼しており，学生はみな下宿生活をしていました。ですから幸いにも筆者は農村の自宅から通学できたのです。もちろんこのことは友人の誰にも明かしませんでした。

　そうこうしているうちに大学に入らなければならなくなりました。三高生の中にはサボりにサボって六年間もねばった奴もいましたが筆者はそういうわけにはいきません。前述の庄屋クラスの息子たちは法学部を卒業して，もとの村に帰り，広い土地の小作人の管理をし，それから村会議員，市会議員などになり中には市長になったケースもありました。しかし筆者の家ではそんなことはできません。父親は法学部か経済学部を出て給料とりになってほしかったのでしょうが，もはや哲学の匂いを嗅がされたものだから，親には無断で京大文学部の哲学科に入れてもらいました。哲学なんかやっては食えないぞと止めてくれた親切な人もいましたが，それを無視したのです。それは卒業しても食うぐらいは今の百姓仕事をすればなんとかなるし，中学の教師でもすればそれでやっていけると，たかをくくっていたのです。

　京大の文学部の哲学科では古代哲学史つまりギリシア哲学史を専攻することにしました。ハイデッガーもカルナップも悪くはないが，この二人のヨーロッパ哲学はどちらもどうせギリシア哲学の後裔にすぎないのだから，その水源を見つけ出すことを狙ったのです。大学に入ってからの勉学はさすがに高等学校とはうって変って峻烈そのものでした。指導教官は田中美知太郎教授でした。筆者は毎日ギリシア語のテキストを解読するのに明け暮れました。使われたテキストのほとんどがプラトンでした。しかしたまにはアリストテレスのテキストが使われたことも確かです。

プラトンの著作を読んでいてわかったことは，プラトンの初期の著作はソクラテス対話篇といわれるようにその師ソクラテスの教えを祖述したものです。ソクラテスは若いときは自然学に対して興味をもっていたのですが，一転して人間の魂の問題，つまり人間の内なる心の問題の探求を始めます。これは後代の精神の哲学，ヨーロッパ流のマインドの哲学の先駆となるものです。しかしこれは当時のアテナイ国民の通念とは大きく食いちがったものでした。彼らはソクラテスが新しい宗教つまり個人の内心を重んじる新興宗教を編みだしたと思ったのです。アテナイ人は宗教といえば国家宗教，つまり女神アテネを尊崇することが正しいとする宗教であり，アテナイという国名もみんなの崇拝する神であるアテネの名からとったものなのです。しかしソクラテスは女神アテネを大事にするよりも，それぞれの個人のもっている魂を大事にせよといいだしたのです。これは今から見れば至極もっともな意見ですが，ポリスつまり自分たちの国家の存在がなによりも大切だと教えられてきたアテナイの人士たちには怪しからぬ考えだととらえられました。そしてついにソクラテスは告訴され裁判にかけられました。しかし彼はもちろん自らの非を認めずかえって挑発的な態度をとります。そこで裁判の出席者を怒らせ死刑の判決が下されます。弟子たちは驚き悲しみ死刑前に脱獄することをすすめます。しかしソクラテスはそれを断り，生まれてからずっとお世話になってきた国家の国民たちが下した判決だからいさぎよく刑に服そうとして自ら毒杯をあおります。これはもちろん自殺ではありません。日本の切腹と同じで名誉ある死刑の執行方法なのです。

　わが師ソクラテスの死に憤慨したプラトンはアテナイ人のおろかさに絶望しました。そしてそんなことになったのもアテナイ人のデモクラシーが悪いと思うようになります。そこで彼は一方では師で

あるソクラテスの心の哲学を完成させるとともに、あの悪しきデモクラシーと張りあえる国家論をつくりだそうとしました。そしてその骨子は「国家とは上中下三層の積み上げからなる」といったものです。お正月の三段からなる鏡餅のイメージにぴったりです。またひな祭の三段積みの菱餅を思い浮かべてもらってもけっこうです。

プラトンにおいて、この三段の上段はPhilosopher-Kingつまり哲学者王であり、二段目は武士身分であり、三段目は農民身分なのです。筆者はプラトンの著のこの部分に行き当たったとき憮然としました。農民がいちばん下に居り上の二つの階層によって踏み敷かれていることになっているからです。これでは仁王さまに踏みつけられて顔をゆがめて苦しんでいる天邪鬼同然です。プラトンは三層のてっぺんにまず王を置きましたが、さらに王たるものは哲学者でなければならないと注文をつけました。あるいは哲学者は王の任務を喜んで引き受けるべきだと思ったのかもしれません。しかしそんなすばらしい王や、そんなすばらしい哲学者などどこを探しても見つかりません。誰もやらぬなら自分がやるというわけで彼はよそのポリス（シラクサ）へ出かけてそこで政治をやってみましたが失敗し、アテナイへ舞いもどります。

どう考えてもプラトンの国家論は無理なものであることは明らかです。とりわけそうした王に当る人間が武力を利用し、人民を弾圧することになれば最悪です。しかしこのイメージをヒトラーやスターリンやプーチンにまで結びつけようとすれば、あまりに時代が隔りすぎます。恐らくプラトンの三身分制はフランスの悪名高い三身分制つまり貴族、聖職者、平民からなる国家制度で再現されたのでしょう。しかしこうした身分制はフランス国では国民に恨まれ、憎まれ、あの有名なフランス大革命で粉砕されたのです。しかしこうした他国の歴史は百姓身分の筆者にとってひとごとではありません

でした。日本でも幕末まで士農工商という強固な身分制度があり、士つまり幕藩権力だけでなく公家や寺社の勢力もなお生き残っていたからです。

　二つだけ筆者の体験をお話しいたします。学区制という制度があります。一定の区域を決め、その区域内のすべての児童を一つの学校に入学させるという仕組です。明治になって導入されたすばらしい制度です。筆者の生地の例でいいますと幕藩時代に守られていた村切りという村の仕切りは無効となり、五つの旧村が一つの学区にまとめられました。そして五つの旧村の真中にある村の中に小学校がつくられ、その小学校へ、学区内に住む児童は通学することになります。学区の両端の村の子供はたいへんですが上級生に励まされて一固りになって登校していました。五つの村は幕藩時代に社家領主の村、公家領主の村、宮家領主の村などがありましたが、そこでつくられてきた特殊な慣習の違いはすべて一掃されます。また一村内では貧富の差がありましたが、それも小学校内では帳消しです。ですから筆者の小学校のクラスには、なんと旧領主の社家の子供がいましたし、小作人の子もいましたし、被差別の子も、朝鮮から来た子もいました。筆者はもと庄屋の子でしたが、意味もわからず「ショーヤ」というあだ名でからかわれていました。こうした小学校時代の思い出は鮮明でして後知恵もいいところですが、これこそが日本のデモクラシーだと気づきました。大人の世界は民権運動とかなんとかいって大騒ぎをしていたが、他方では日本中の村の隅ずみに至るまで下からのデモクラシーが成功しつつあったのです。

　この現象をフランス政府が革命後にとった政策と較べましょう。フランス大革命は「自由・平等・友愛」の三つのスローガンで勝ちとられました。しかしこの三つのスローガンは脆くて危いものだったのです。自由と平等は相容れません。両者は右と左に分れて争い

ます。友愛などといった宗教臭いものは大して役に立ちません。そこでナポレオン政府は新しくnation（国家）ということばを使い始めnationalism（国家主義）の思想で国民の団結を強め，ロシアにまで攻めこみましたが失敗しました。フランスにおける上層部のそうした政治活動とは別に，フランス中の農村では隅ずみに至るまで「聖俗分離」の運動が徹底的に実行されました。フランスの田舎では昔からカトリックの神父さんが子供たちを宗教思想で染めあげてきました。しかしフランス政府はそうした保守的で片よった教育をつぶしにかかったのです。そしてこれが聖俗分離運動の目的であり，その狙いは子供の教育から聖職者を追放することだったのです。こうして小学校教育は完全に世俗化されました。キリスト教の教義は完全に排除され，学校では標準化されたフランス語による授業がおこなわれ，その内容も日常の世俗生活に益するものばかりでした。フランス国家はもとからの住民であるケルト系の人びと，それにローマからやってきた人びと，そしてゲルマン系の人びととの混淆体でした。しかしこれでは国としてのまとまりを欠きます。身分制国家が壊されたからには，これら三種類の人びとは平等の資格で新しく統合されねば内乱，つまりクーデターによる政権の奪いあいは止みません。それで政権はネーションという新しい理念でまとめあげようとしましたがそうしたナショナリズムはうまく機能せず，むしろ悪用されます。これに反し全国農村の隅ずみにいきわたっておこなわれた児童に対する世俗的で生活に密着した教育は絶大な効果をもたらしました。こうしてフランスは自由だいや平等だという左右間の政争とは別の世界でそれとは違った地固めが堅実に実行されましたが，これこそがフランス革命に欠けていたデモクラシー（民衆政治）なるものの出現だといえるでしょう。

　筆者のもう一つの体験を披露いたします。筆者の自宅から500m

離れたところに松尾大社があります。京都では賀茂大社に次ぐ古い神社です。もちろん平安遷都より前に存在していました。だから少なくともこの両者の神領内の住民たちは，桓武天皇を戴いて断り無しにやって来た新政府の連中に素直に服属したわけではありません。迷惑千万な話だったからです。しかし新政府もそのことは重々承知していました。彼らは平安京をつくりあげられるだけの地所を先ず接収します。じゃまな住人は追い出し移動させます。しかし侵攻はこれで終りませんでした。天皇や貴族たちは，平安京の外にお墓や別荘をつくりたくなります。ですから侵攻はたちまち平安京の郊外にまで拡がります。嵯峨天皇はその名からもわかるように嵯峨の広大な地域を押さえます。これに負けじと藤原氏は桂の地に目をつけここを支配します。しかし，新しい占領地域から賀茂と松尾だけは免れました。こうしたわけで筆者の村も松尾社の勢力圏内でぬくぬくとした生活が送れる特権を享受してきました。しかしそれはさておき，その神社の社家が代々書き残した日記を読む機会がありました。そして幕藩時代の末期頃の次のような記述が目に入りました。例年の如く百姓たちは年末に年貢の米俵を納めに来たのですが，彼らは一杯の酒を汲み与えられただけで帰っていったとありました。時はまだ幕藩時代ですから百姓たちは義務として米俵を納める必要があります。しかしそれに対し百姓はお礼のことばの一つもかけられず，一杯の酒で帰っていったのです。小作人が小作料を払うというのならまだ理解ができます。しかし幕藩の身分制度では領主が武家であれ社家であれ公家であれ文句なしに年貢をさし出させるのが当然のことと認識されていたのです。この箇所を読んだ筆者はやはりショックを受けました。そしてこのような理不尽なことがまかり通る世界が明治維新でやっと打破されたのであり，これこそが百姓レベルにおけるデモクラシーの実現だと覚ったのです。

以上のような事情をかかえていた農村から，毎日大学へ通って必死でプラトンの国家論をギリシア語で読みその内容たるや農民軽視の思想だとわかったときの一青年の困惑ぶりは想像していただけると思います。明治以来曲りなりにもデモクラシー化が進んでいる農村にプラトンの国家論が通用するはずがありません。このことを身をもって覚った筆者からは徐々にプラトン離れが進行していました。しかしうまい具合にギリシアの哲学者にはプラトンの天敵が居てくれました。人類はギリシア人の懐の深さに感謝すべきだと思います。アリストテレスはプラトンの弟子ですが，やがてプラトンを反面教師として独自の哲学をつくります。筆者はアリストテレスを読み始めてプラトンの国家論は独裁者の国家論の元祖であり，アリストテレスの国家論はデモクラティア論つまり民主的国家論であることを確認しました。若い時のそうした理解は今でも変っておりません。それどころか21世紀における独裁国家群と民主国家群との抜きさしならぬ対決状態もギリシアの哲学者たちが知っており，すでにそれを哲学化し，さらに一定の理論にまで練りあげていたのだと気づきました。

　大学は無事卒業しましたが，次は就職ということになります。そこで六・三・三という新しい制度でつくり出された新制高校の教師になるための採用試験を受けました。筆記試験は通ったのですが最終の面接試験で遅刻をしてしまい，あっさり振り落とされました。どうしたものかと迷っていたときに幸運にもある私立大学から助手としてならば使ってやってもよいといわれました。そこで無事職にありつくことができました。そこはプロテスタント系の立派な大学で，神学部が中心的な存在でした。筆者の勤務先は文学部の哲学科でしたが，神学部でギリシア語の新約聖書の講義をやっていると聞き早速参加させてもらいました。アメリカ人の教授でしたが，世界

でも有名な本格的な学者であり，ギリシア語の新約聖書の原文校訂者のうちに名を連ねている人でした。この大学ではいくつかの講義がアメリカ人の教授によって英語でおこなわれていましたので，それにも出席しました。黒人で牧師をしている英会話の先生と親しくなりアメリカ英語を習いました。こうしてキリスト教とはなにかということを表と裏の両方からつかみとることができました。それとなくキリスト教に入らないかといった話もありましたが，そこまでには至りませんでした。そんなことをしているうちに，突然，京大の人文科学研究所にこないかという話が起こり，勤務先が近くなることもあってそちらへ移ることになりました。

　入ってみてやはり驚きました。ジャーナリズムで活躍している有名な面めんがずらりと顔を並べていたからです。京大の文学部でギリシア哲学一筋で育ってきた筆者にはとても太刀打ちできるような連中ではありませんでした。しかし彼らの中で自分の立ち位置を確立しなければ，ここに来た存在意義がありません。ところが入所して少したったところで客員研究員としてハーヴァード大学に行けるというチャンスに恵まれました。そこでの受入れ教授としては，世界で第一級の記号論理学者であるクワイン教授をためらうことなく選びました。教授は日本にも来ておられて夏期休暇中の一月あまりのセミナーに筆者は参加しておりました。筆者は学生のときギリシア哲学もやりましたがそれにはあき足らず，記号論理学を仲間うちで勉強していたのです。ですからアメリカへ行って世界の論理学研究の水準を目のあたりに見られたのは幸せでした。クワイン教授は数学出身ですが数学的な記号論理学だけでなしに，哲学部に所属しておられたから当然のことですが論理学をベースにしたきわめて洗練されたプラグマティズムの哲学を自らの手で完成されておられました。前に触れましたドイツで生み出された生硬なカルナップの論

理実証主義はアメリカでみごとに新しい哲学に衣がえされたのです。アメリカといえばデューイのプラグマティズムが有名で，戦後は日本でももてはやされましたが，哲学的には幼稚だなどという論者もいました。しかしクワインのプラグマティズムにけちをつけられるだけの哲学者を見つけることは難しいでしょう。

　こうして筆者はハーヴァード大学で世界で第一級の哲学に肌で触れることができました。しかしせっかくアメリカに来たのだから筆者はアメリカのデモクラシーの根っ子を探り当てたいというもう一つの目的をもっていました。アメリカのデモクラシーはピルグリム・ファーザーズと称する農民たちの開拓運動が始まりとされています。いってみればアメリカのデモクラシーは農民が始めたようなものです。しかし単なる開拓者なら世界中どこにでも見つかります。開拓すると同時に一つのしっかりしたコミュニティをつくらねばデモクラシーは生まれません。そこでここのところをがっちりつかみたいと思いました。そして暇をみてアメリカの田舎をまわり歩きそこの住人たちとも話を交しました。

　以上のような経験を積んで研究所へもどってきました。その時点でもはや筆者の誰にも負けない立ち位置は定まっていました。とはいえ筆者の独立した立場を振りまわすわけにはいきません。人文研は始めから共同研究が売りものです。共同研究といっても同じ見解のもち主だけが集って協力しあうという意味での共同研究ではありません。研究所には共産党員である所員もいました。しかし他方ではそんなものをせせら笑う度胸のある所員もいました。しかしさすがになぐりあいはおこなわれませんでした。左翼に特有の政治的要素がもちこまれることもありましたが，これは多数派の良識で食い止めることができました。

　さて共同研究のことですが新参の筆者はどうしてもひけない意見

は言いましたが，派手に振るまうことは避けました。錚々たる意見は聞きはしましたが，それらのどれ一つとして本当に腑に落ちたものは見つかりませんでした。しかし他人の学説を毛嫌いしたり，けちをつけたりしていては共同研究はなりたちません。そこで筆者は深く潜行し，それぞれの意見の誤りを見つけ出し，それぞれの理論を次つぎと打ち倒し，それに代るもっとよいものを自分の手で育てるしかないと考えました。この作業は共同研究に参加している限りあまり表面に出すわけにはいきません。しかしその間にも個人の名で書いた論文では筆者の新しい立場ははっきりと表面化してはおきましたが，誰もその危険性には気づきませんでした。

　筆者は研究所へは毎日西郊の自宅から通っておりました。洛西の自宅の位置状況は前に述べたとおりです。西に住んでいる者としてなにかにつけて東の連中には同調し兼ねるということがあり，さらに筆者は曲りなりにも農村の一員のままだったのです。京都の東部に位置する人文研のメンバーとそりがあわなかったのもそのせいかも知れません。それからもう一つ筆者の知られたくない事実が重なります。研究所は当時国立の機関でありそこでの勤務者は国家公務員でした。ですから兼業は禁止です。しかしそれにはお目こぼしがありました。所員の中にはジャーナリズムの業界で小遣いを稼いでいる人もいました。それ以外に実は僧職と農業職の兼業は黙認されていました。ですから僧職の所員もいましたが，筆者は所員でありながら農業を止めてはいませんでした。

　こうして筆者はたいへんな葛藤を抱えることになります。西郊の自宅から東郊へ通勤したのですが，地面から宙に浮いた理論をつくり出している連中と地べたの思考法で育った人間が毎日話をあわせるという奇妙なことになってしまったのです。しかしこうなればもう後には退けません。自分の生い立ちとそれまでの自分なりに納得

できた研究をフルに活用して他人のいくつもの既成の研究をぶち壊し自分の立場を打ち立てるしか行く道はありません。こうと腹をきめた筆者はこのプログラムを実現させることに全力を注ぎました。そしてそれがほぼ達成できた時点で研究所を自発的に去ることにしました。

やめたとなればもはや自由の身です。洛西の隠世の地で独自の意見を吐き出す論文を書き始めました。これらの論文は不思議といえば不思議，当然といえば当然のことですが学界ではほとんど注目されませんでした。そこでそうなることも仕方がないとなかばあきらめましたがそれでもちょっぴり未練が残りまして，お高く止っている学界は相手にせず，学者の世界とは違った世界で生活を営んでいる方がたに意見を聞いてもらいたいと思ったのが本書を書いた真意なのです。

これから小生の考えだした仕事をできるだけわかりやすく紹介させていただきます。しかしお読みくださった方がたは，論理的思考の援用と農民を含む庶民思考法の断固とした押し出しぶりに驚かれるかもしれません。こうした態度は日本の片隅で生を受けた筆者の個人的事情から出たものであることは確かですが，世界中で認められうる普遍的な哲学的思考の学習の結果でもあると御了承くださるようお願いいたします。

2

この書はデモクラシー擁護のために
筆者のもつ全能力を動員して
書かれたものです。
そしてその先達として
先ずアリストテレスを選びます

　本書の本当のテーマは「日本国のデモクラシー」です。筆者は「日本国のデモクラシーを死守する」という立場に立つものであり、本書を理解していただくためにも冒頭からこのように旗幟を鮮明にしておかねばなりません。

　いま死守するということばを使いましたが、誰から死守するのかといえばもちろん敵は独裁勢力です。それはまた専制主義勢力といってもよいでしょう。筆者は若年から哲学となじんできました。そして大学ではアリストテレスこそがまともな哲学の創始者であり、ひとまず彼の哲学を参考に研究することが賢明であることを覚りました。アリストテレスの優れた仕事はいろいろあり、後ほどくわしく紹介していくつもりですが、彼の業績は何よりもまず「排中律」という論理法則をみつけたことです。これは現代の論理学では $p \lor \bar{p} = F$ という形で形式化されていますが、論理学者はもちろん、論

理学を見下す嫌いのある数学者もこの法則から逃れることはできません。排中律とは読んで字の如く相矛盾しあう二つの立場のまん中どころに立つことを排除するという意味です。英語にはpros and consという表現があります。笑えてくるようなことばですが、これはラテン語のpro et contra（正論と反対論）からきたものです。このラテン語からアメリカ人はproとconという二つの前置詞を抜きだし新しい名詞をつくり出しました。そしてこの二つの名詞に英語でしか使わない複数をあらわす接尾辞である-sをくっつけました。最後にラテン語のet（そして）に相当する語を英語のandに置きかえますとここで一丁上がりです。なんとも滑稽でしょう。しかしヨーロッパの正統的な伝統から見ればアメリカ文明なんぞは所詮こんなものだと片づける知ったかぶりはつつしむことにしましょう。

　さてラテン語のpro et contraですが、このことばはヨーロッパ中世のスコラ哲学つまりカトリック哲学で愛用されたことばです。ヨーロッパ中世ではキリスト教哲学でなければ哲学にあらずという困った状況が支配していました。スコラ哲学者はアリストテレスについて、彼はいちおう神の存在は認めてはいるがそれは哲学者向けのインチキの神であり本当のキリスト教の神とは別ものだとして排斥しました。このように神の問題については一線を画しましたが、キリスト教哲学つまりキリスト教神学も学といいたいならば「学」の体裁を整えるために論理学が必要です。だからスコラ哲学はアリストテレスの神は異端の神だと退けはしましたが、アリストテレスの論理学はそっくりそのまま頂戴したのです。それどころか中世の哲学者は熱心のあまりアリストテレスの論理学を大幅に進歩させたのです。

　日本人からみても、そして広く近代的世界の常識人にとってもキリスト教は理解不能で奇っ怪な宗教です。しかし中世のキリスト教

の神学者はキリスト教の神を死守するためにアリストテレスの排中律の論理学を pro et contra（正論と反対論）として受け入れました。しかしその使用法は大きく変えられました。アリストテレスでは正と反は真と偽の対立だったのですが，中世の哲学はそれを「正教と邪教」，「正統と異端」という内容に変えてしまったのです。

pro et contra のこうした誤用あるいは悪用はその後のヨーロッパに大きな災害をもたらしました。この対立の仕方は現代世界にまで引きずられており，わかりやすい例を挙げればマルクス主義者たちの間の正統と異端というイデオロギー的な内輪もめがありますが，それどころか pro et contra は21世紀のデモクラシー体制と独裁体制との激突というところにまで発展してきたのです。

アリストテレスはまず pro et contra を真と偽の死闘という形で使いました。彼は自らが初めてつくりだしたまともな論理体系つまりいわゆる三段論法から，それを無視する下らないインチキ論法つまり詭弁術を峻別し後者を廃棄したのです。彼は数かずのインチキ論法を列挙し，そのいちいちの誤りをあばきだしました。それゆえその後の全人類はアリストテレスのおかげで彼のテクニックを守ってさえおれば，いかなる馬鹿げた言説をも蹴飛ばし健全な知つまり科学的な知識を次つぎと見つけだし，それらを積みあげられるようになったのです。

ところでアリストテレスは pro et contra の原理を真偽の対立とは別の対立にも使用しました。真偽の問題は彼の理論哲学内での話ですが，彼はそれを実践哲学内での問題にも適用しました。彼の実践哲学の究極のテーマは個人がいかに生きるべきかといったちっちゃな問題ではなく，ポリスつまり国家のもとで日々の生活を送る全国民が国家をどう扱うかという問題です。この問題でアリストテレスは暴君政治（暴力政治）とデモクラシー（民衆政治）を対極の位置にお

きました。つまり対角線上の位置，矛盾関係の位置におきました。この対立は一人または少数の独裁者の専制政治体制と，それと真向から対立し独裁者に抵抗する民主体制との対立であり，この対立は生やさしい対立ではなく尖鋭な矛盾対立の位置におかれました。とはいえこの対立はアリストテレスの場合，一つのギリシア圏内での激突だったのですがこれと相似形の構図が21世紀の全世界内で出現しているのです。

　BC4世紀からAD21世紀まで飛んでしまいました。しかしこれは性急すぎます。アリストテレスの卓見の射程もそのままでは現代にまでとどきません。しかしアリストテレスを導きの糸として民主主義擁護の努力をこれから始めたいと思います。その前に先ほどから引きあいに出したpro et contraの思考枠と似ているがそれとは別の"versus"という英語に言及しておきます。versusはラテン語ですが現代の英語でもラテン語のままで使っています。ただしvs.というふうに短縮して使うこともあります。この語はA versus B（A対B）のように使いますが，主として訴訟や野球の場合に使われます。訴訟の場合はJames vs. SmithでかまいませんがJohn DoeとかRichard Roeのような仮定で不特定の名前が古くから使われていました。この二つの名前は民事裁判の法文で古くから使われ庶民の名の代表といってよいでしょう。日本では甲野太郎と乙山二郎という仮名を使いますが相対する二人が初めから甲乙や一二をつけるのは困ります。そういえばABも困ります。訴訟ともなれば甲乙つけ難い状況から出発すべきだからです。

　このようにversusという語は完全に対等な位置にある両者に対して使われるべきでして，完璧な水平的関係です。ですから英米の法律でversusの語が民衆のレベルで広く使われてきたということは少なくとも英米社会では民間レベルにおいてずっと古くから民主

的な気風が醸成されていたといえるでしょう。それに加えて裁判でもスポーツでもこうしたversus関係では暴力がいっさい使われないというのも特筆すべきことです。

　versusの極めつけの利点は，裁判では個人と個人の争いだけでなしに個人と地方公共体との争いも許され，さらに個人対国家の争いもできるようになったことです。そしてこれはこうした争いにおいては一個人と国家のイコール・フッティングが確立できるということを意味します。しかしこういうことはデモクラシー国家において初めて許されることであり，そんなことは独裁国家ではとんでもないこととして一蹴される事態なのです。

3

アリストテレスの哲学の本音は
存在論でなしに農業労働論だ
といえます

　まず哲学でよく使われる存在論（ontology）とはなにかを説明しましょう。存在という語はいろいろの意味で使われますがまず，文法レベルで押さえることにします。印欧語に属する言語のうち「存在する」を意味する動詞の不定法形「存在すること」を列挙しますと次のようになります。①ギリシア語はeinai（これはもとはesnai），②ラテン語はesse，③フランス語はêtre（これはラテン語のesseから来た），④ドイツ語はsein。以上はすべて $\sqrt{sta}$ という語根から派生したものです。そうした四個のグループとは別に英語の「存在する」の不定法形はbeです。そしてこれは $\sqrt{bheu}$ という語根をもっています。

　存在論を意味するontologyはon（存在するもの）という語からつくられたのですがこれももとはesonでして，もちろん $\sqrt{sta}$ 語根に属します。

　こうして哲学的存在論は $\sqrt{sta}$ を語根としてもついろいろの語で

特徴づけられます。力学にはstatics（静力学）ということばがありますが，これはギリシア語起源であり，力と力が釣りあう静止状態を扱う物理学です。存在論を日常の常識レベルで把握しようとすれば，英語のsteady（ぐらつかない）という語が最適でしょう。例の男女交際が長続きしているというやつです。哲学用語としても使われるsubstantia（基体，実体）もあらゆる個体をいつまでもしっかり下支えするものという意味であり，もちろん$\sqrt{sta}$語根のラテン語です。

　$\sqrt{sta}$語根をもつラテン語で問題にしたいもっとも重要なことばはstatusです。この語は英語ではstateとなりますから英語の辞書をひいてみましょう。すると①威儀ある王座，②高い身分，③州（アメリカ），④国家となっています。アメリカという国についていいますと，イギリス王の玉座という意味からデモクラティックなアメリカ国家という意味にたどりつくには独立革命を含むすさまじい闘争があったということはすぐに感じとれると思います。

　さてstatusというラテン語ですが，このことば自身には罪はありませんが，このことばほど庶民から憎悪の気持を一身に受けてきた例は稀でしょう。こんなことをいうのもstatusというラテン語がフランス語のétatに姿を変え，身分という意味に使われ始めてからです。フランスの中世では三つの身分が決められそれがしっかり固定されていました。三つの身分とは貴族と僧侶と第三身分（以上二つよりも下に置かれた身分）です。この三つの身分には上下はもちろん貴賤という差別がつけられました。こうした三つの階層は厳しく仕切られていて移動は許されません。このような固定化は安定していていいではないかと思われるかもしれませんが大まちがいです。こうした身分社会は上位に居る人間には天国かも知れませんが下位に居る人間には地獄です。だから地獄に居ることに耐えかねて暴力に訴えてまで二つの身分を打ち倒し，彼らを国外にまで追い出してしまっ

たのがかの有名なフランス大革命だったのです。

　それではなぜ一国を二つの敵対する異なった階層に二分するような馬鹿な制度つまり身分制という制度がつくられたのでしょうか。こうした制度が出現したことの歴史的な由来はすでに解明されていますが今はそれには触れません。一言にしていえば，破壊されて当然の不安定(unsteady)な状況をむりやり安定化(stabilize)しようとしたことが身分制度(stateの制度)のもつ致命的な欠陥だったのです。

　こうした愚かな身分制と相似的な制度が実はすでにプラトンの国家論で定式化されているのです。このことに気づいた筆者がプラトンに絶望し，プラトン離れに至るという体験は前に述べました。ところでこの恥ずべき身分制はよそごとではありません。フランスの身分制とそっくりそのままのことが日本でもつくられていたのです。日本では王朝時代，そして公家と寺門からなる権門時代，さらに最後のしかも最も長かった武門時代を通じて身分制が施行され，そのもとで農民をはじめすべての庶民が実に屈辱的な扱いを受けてきたのです。そしてこのような士農工商の身分制が廃止され四民平等になったのはやっと明治維新になってからだったのです。本書の本当の目的は「日本国のデモクラシー」の解明ですのに外国の話から始めてしまい申しわけありません。しかし筆者は曲りなりにも西洋哲学を学びましたので話をついそこから始めることになってしまったのです。

　哲学の話を続けさせてください。プラトンには見切りをつけてアリストテレスの存在論に話を進めます。アリストテレスは確かにousia(ウーシア。ラテン語ではsubstantiaと訳され日本語では実体と訳されます)をテーマに研究をしています。このousiaはもとはesousiaであり，substantiaと同様 $\sqrt{sta}$ 語根をもつことばです。アリストテレスは実はこのウーシアの概念を使って彼の論理学をつくり出していたので

す。彼は実体を第一実体と第二実体に二分しました。そして第二実体の方は最高の類から最低の種までの存在としてとらえ，そこで類と種の論理学をつくったのでしてこれが三段論法だったのです。それゆえアリストテレスの三段論法には個体を表す名辞はでてきません。アリストテレスは自分の論理学の中に第二実体だけでなく第一実体をも取りこもうとしたのでしょうが論理学の体系的整合性を大事にしたかったので後者をあきらめたと思われます。ところで類と種というものはプラトンのイデアの論理学的な対応物であり，こちらはイデアのような永遠不滅性はもちませんが，高度の安定性をもっていることは確かです。その意味でアリストテレスも $\sqrt{sta}$ 語根に根ざす存在論者であることは確かです。

　しかしながらアリストテレスはそこで研究を止めませんでした。それまでの存在論の立場を捨て，そこから離陸したのです。前に「存在するもの」を意味する語のほとんどが $\sqrt{sta}$ 語根をもつといいました。しかし英語だけでbeという $\sqrt{bheu}$ 語根の語が使われていることもつけ加えておきました。このことにアリストテレスが気づいていたといえないでしょうか。$\sqrt{bheu}$ 語根といえば，ギリシア語にphysis(ピュシス)という語があります。これは自然と訳されています。さらにphyton(ピュトン)という語もあります。これは植物という意味ですしさらに農作物という意味もあります。「存在」にはそうした含みがあると気づきはしたもののアリストテレスは，植物学の研究はその弟子テオフラストスに委ねました。

　physis(自然)というものを視野に取りこんだアリストテレスは，「存在」を固定性とその永続性を第一義とするプラトン哲学からは自由になっていきました。実をいえば現代でもそうですが「存在」とはたいそう危険な概念なのです。存在を論じ始めると真実の存在とはなにか，偽なる存在とはなにかで意見が分かれ大喧嘩になります。

プラトンは独断的に天上にあるイデアが地上の存在物よりも尊いといって一歩も譲りませんでした。しかしアリストテレスはそれを疑いました。そして地上の存在の方に軍配をあげました。しかし両者の対立は水掛け論です。アリストテレスは「こうである」、「いやああである」という争いは論理命題および経験問題でのみ決着がつけられるものと考えました。そしてこれが20世紀の論理的経験論の始まりです。しかしながら存在をめぐる喧嘩はそれだけではありません。両者のおもわく同士の争い、いわゆるイデオロギーの論争の方はおさまりません。プラトンのように頑固な人は跡を絶ちません。そこでアリストテレスはそうした存在論に嫌気がさしそれからの脱出方法を考えたかったのです。

　アリストテレスは生物、とりわけ植物というものに存在のほんとうの意味があると気づいたのかも知れません。そしてその植物の代表として、日常に見かける現象つまり植物の一個の種が芽を出し双葉を開かせやがて一本の木になりその木が花開き再び種をつくりだすというプロセスに目をつけたのでしょう。そういう筆者も柿の実をたて割りにし、ついでその中の種までもたて割りにし、その種の中に、双葉をもつ幼木の姿を見て驚いたことを覚えています。

　ところでアリストテレスは子供ではありません。れっきとした大哲学者でした。そこでそうした植物のイメージに対しみごとな哲学的表現を与えました。それをギリシア語で紹介しますとdynamis―energeia―entelecheiaの三つ組です。ここでは$\sqrt{sta}$ 語根の語は消えています。このギリシア語を見て科学好きの人は喜ぶでしょう。dynamisからdynamics（動力学）という英語がつくられていますがこれはstatics（静力学）を終えてから学ぶ学科だからです。つぎにen-ergeiaからenergyということばを連想するでしょう。このエネルギーはE＝mc^2というアインシュタインの有名な公式の中に含まれ

ています。つまりEはenergyの略なのです。今はどうか知りませんが筆者がアメリカで研究していたとき，大学の構内だけでなく，街頭でもこの公式をプリントしたTシャツを着ている若者を見かけたものです。

　アリストテレスから20世紀まで一とびという無茶は止めてアリストテレスにもどります。アリストテレスの三つ組は潜勢態―現勢態―完成態と訳せばよいでしょう。植物というものは初めは種として実の中に潜んでいますが，やがて姿を現し，最後には完成した形をつくりだすというわけです。以上の三つのうち，特に現勢態つまりenergeiaというギリシア語に注目しましょう。このギリシア語は「働き中」という意味です。最初は静止そして完成すれば静止ですからその間は力仕事中だというわけです。

　energeiaというギリシア語はat work（働き中）という意味です。だからatに当るen-をはずしますとergonという語がとび出してきます。そこで早速この語の語根を探しますと$\sqrt{werg}$が見つかります。近代語でこの語根を持つ語を探しますとすぐにworkという語が見つかります。この語は労働という意味ですからworkerとすれば労働者となります。マルクス主義者ならアリストテレスが早くもAr-beiter（労働者）の存在を見つけていたと喜ぶかもしれませんがそれは早計です。Arbeitとworkとは語根が全く違います。Arbeitのドイツ語としての意味は，ほねおり，労苦です。だからこそマルクス主義者はこのことばを使って気の毒な労働者に同情し，彼らの味方になり勇気づけたのです。しかしドイツ語のArbeiterとは違って英語のworkerは由緒正しく誇り高いことばです。この語が英語のla-bourer（労働者）と違い，うんと古い時代にまでつながっているという事実はギリシアびいきの筆者のひいきのしすぎかも知れませんが，古くから使われそれが消えずに底流となってもち続けられている語

の意味を掘り起こすことも無意味ではないと思います。

　英語で外科医のことをsurgeonといいます。これはギリシア語の
khiourgosから来た語です。そしてこの語は手を使う仕事師という
意味です。固有名詞としてGeorgeということばがあります。これ
もギリシア語のgeorgos（農民）からきたことばであり，これはgēつ
まり大地で仕事をする人という意味です。ここで使われる-urgos
も-orgosもergon（仕事）から来た語です。アリストテレスは医者の
息子ですので患部を切り捨てたり焼き焦がしたりする外科医の話を
著作の中でおこなっていますが，だからといって彼は農民たちの仕
事を低く見ているわけではありません。

　アリストテレスが新しい哲学の中心に据えたergonの概念がギリ
シアでいかに尊ばれていたかという証拠を一つお出しします。ヘシ
オドスはホメロスと並ぶギリシアの大詩人です。民衆の立場，農民
の立場に立つ筆者はもちろんヘシオドスの方をひいきにします。ヘ
シオドスは「Erga kai Hēmerai」という長編詩を書きました。英訳
は「Works and Days」となっています。日本語訳では「仕事と日々」
という訳もありますが，内容から見て明らかに「農事と農暦」がふ
さわしいでしょう。ヘシオドス自身自ら農作業をやっていたのであ
り，田園詩人がよそからやってきて田舎の風景を詠むのとはわけが
違います。もちろん暦の季についても日本の和歌・俳句の季とは本
質的に異なっています。

　筆者はホメロスも読みましたが『オデッセイア』のある箇所で，
テルシテースという名の下級兵士が大将のオデッセウスに向かって
「十年にもおよぶこんな無益な戦争はもうやめにして故国へ帰りた
い」と訴えます。しかしオデッセウスは鞭を振りまわし部下を叱り
つけます。ホメロスの詩は英雄を頌える長大なしろものですが，そ
の中でいま述べたような場面を拾い出すことも可能なのです。

ergonについてもう少し述べたいことがあります。ergonと同根のギリシア語のうちもう一つの大切なことばとしてorganon（道具）があります。人間を働く動物としてとらえるときその人間はさしあたりまず手を使います。しかし農作業の場合，素手で土いじりはできません。鋤や鍬を使います。そこでこれを手の延長，手の労働の延長と考えましょう。そしてこの労働の手助けこそが，道具なのです。このorganonはもとは手のように身体の器官という意味で使われましたが，やがて器官から独立し，道具という意味で使われるようになりました。道具の最たるものは農具ですが，百姓などしたことのないアリストテレスは自分のつくった論理学をオルガノンと呼びました。論理学は理性的動物としての活動の立派な道具となるからです。ところがアリストテレスは論理学は大切なものではあるがたかが道具であり，論理学だけを振りまわせばすべてうまくいくという態度は退けました。正しい論理学でさえ道具にすぎないのですからインチキ論理を道具としてあやつる各種のイデオローグたちは単なる愚か者にすぎないといえるでしょう。

4

アリストテレスの哲学は労働の哲学だけで終るものではありません。人間の労働には目的というものがあるからです

　アリストテレスは存在論を捨て ergon の哲学つまり労働の哲学に鞍替えします。しかし前途はまだまだ先につながります。結論を先にいってしまえば，アリストテレスの労働の哲学はデモクラシーの哲学にまでいきつき，そこで完結するのです。さきにアリストテレスの新しい哲学は潜勢態から現勢態を経て完成態で終るといいました。そしてそこでの現勢態の核心は労働でした。しかし労働のための労働なら牛や馬でもやっていますし牛馬並みに扱われていた奴隷もそれをやらされています。ですから人間たるものは働くために働くのでなしに，ある目的のために働くのです。守銭奴は金のために働きますし，他国の領土を軍事力で強奪することを唯一の目的として掲げる独裁者もいます。

　そういうわけで労働にはよき目的が必要となります。それだけではなくわれわれはよき目的の地に到達しその地を踏みしめなければ

なりません。だからアリストテレスは労働の末にこの目的地に到達するまでの考察が哲学の最大の仕事であることに気づいたのです。アリストテレスの哲学の三つ組構造は以上のことを見透かして編みだされたものです。三つ組構造といえばヘーゲルの正反合といったものを思い浮かべる人がいるかも知れませんが，そんなあやふやな構造などはアリストテレスのしっかりした構造からみれば足もとにも及ばないといえるでしょう。

　労働の目的にはいくつもあるといいました。どの独裁者ももつ独善的で酷薄な目標もあります。こうした連中の存在にも目をそらさず，彼らと戦わねばなりません。しかしこの問題はもう少し先で扱うことにして，まずは日常的で正常な目的をもつ労働のことを考えましょう。せっかく古代ギリシアの話をしてきたのですから，ギリシア語を使って話を進めていきたいと思います。

　図1のギリシア語についてはxylonという語以外はおおよそ見当がつけられるでしょう。このxylonは英語のxylography（15世紀の木版術）の中で木材という意味で使われています。図1の四種の労働の目的はそれぞれ違いますが人びとの生活を豊かにするものである点では一致するでしょう。

　図1の左半分は古代ギリシアの話ですが，右半分は20世紀の話です。なかなかうまく対応しています。右半分の産業はindustryの

一類	phytourgia（農耕）	一次産業	農業
二類	xylourgia（指物業）	二次産業	工業
三類	kheirourgia（外科術） dramatourgia（劇作）	三次産業	サービス業 その他

図1

訳ですがギリシア語にはphiloergiaということばがありこれとin-dustryが対応します。philoergiaは文字どおり労働を愛することであり，philo-はphilisophyのphilo-と同様愛するという意味です。ギリシア語にはmisoergia（労働嫌い）ということばもありますがこういう怪しからぬ原理で生活している連中は後ほどしっかり糾明することにして，今はまともな人間についての話を進めます。

　三次産業と違ってギリシアの三類の方に商業は含まれていません。ヨーロッパ人が商人を憎む気持は古代ギリシアだけでなく中世から近世の始めまで続き，カルヴァンがやっとそれを批判しはじめたのです。ギリシア本土からウクライナまでへの貿易をおこなっていたギリシア人に関してそれは不当だと思えませんが，貿易でもうけることは農民感情とはそりがあわないので当時の農民重視の常識によって商業が排除されたのでしょう。

　ちなみに現代ウクライナのセバストポリ，マリウポリ，メリトポリなどのような黒海沿いの都市の名まえの語尾の「ポリ」はギリシア語のpolisのことでして，ギリシア人はウクライナの小麦を求めてそこまで進出していたのです。そしてそのかわりにギリシア人はオリーブ油や葡萄酒を陶器の壺に入れて運び入れていたのです。

　図1で注意すべきことは右半分の三種の産業は，一次から順に発達して来たもので後発の方が優位に立っているように見える点です。それは確かにそのとおりですが，しかし第一次産業が不用になって消滅するということはありません。この点ではギリシアの三つの類も似ており，三者は同時に存在していたともいえますが，強いていえば農耕の出足が早かっただけといえるでしょう。しかし古代ギリシア人のえらいところは都市部の人間が農村部の人間を見下げるようなことは絶対にせず，都市部と農村部の人間は等資格の国民としてしっかり団結する工夫をしたので，少なくともアテナイ国家では

こうした固い連帯によってデモクラシー体制が維持されたのです。

　さあここまで話を進めてくるとギリシア語のdemiourgiaということばを持ち出したくなります。この語を古代ギリシア語の辞書でひいてみますと「ポリスのメンバー全員の幸せのために働くこと」となっております。つまりここでのdemosは大衆のことそして全国民のことなのです。そしてアリストテレスの労働の哲学，さらには彼の政治の哲学の目ざす終局の到達はここにあったと考えられるのです。こうしてアテナイの民主国家では図1の三つの類が同時に並行して協力しながら働いていたといえそうです。そしてアリストテレスは外科医の家筋からして自己を三類に位置づけていたとしても一類の代弁者であるヘシオドスとは十分手を握ることができたと思われます。

　こうして農作業から始まる国づくりの道筋が明らかになりました。そこでそうした事態をもう一つの場面から確かめることにします。シチュエーションをイギリスにとります。

　英語では「存在すること」を"be"という語であらわすことは前に述べました。そこでbeと同根の英語を見渡しますと①husband（農夫），②neighbor（隣り合って働いている農夫），③boor（農夫）が見つかります。この三語はギリシア語のphytourgos（農夫）と$\sqrt{bheu}$という語根を共有することでつながります。ギリシア語の動詞phyōは自然に生えるという意味であり，physisというギリシア語も自然と訳されます。しかし自然に生える植物をしてうまく生えさせ，育てるのが農民の仕事です。自分の庭を手入れもせずに草をぼうぼうと生やしておいて，これが世界のほんとうの姿だと中国のある学者がのたまいましたがそんな怠け者根性はよろしくありません。

　以上のように考えてきますと，人類はまずhusbandという語が示唆するようにhous（家）を足がかりに家族全員で力をあわせて耕

作し食物を生産することから始まり，いろいろの脇道へと迷いこみながらも最後の到達点はデモクラシー社会だと悟ったのだと思われます。

いま耕作ということばを使いましたが，これを意味することばにcultivateがあります。この語はcultという語がもとになって生まれました。cultといえば21世紀の現在でもカルト宗教なるものにたぶらかされる人びとがいます。農作物だけを大切に世話すればよいものを，おかしな神を世話するために日常の生活を犠牲にするのは困りものです。

cultureということばには文化という意味もありますがもとはもちろん耕作という意味です。しかしそのうち，土地の耕作から心の耕作という意味にも使われるようになりました。後者は正路からの踏みはずしです。しかしそうした形で文化人を名乗る人びとが出現しました。

そうした事情は日本でも同じでした。そしてその結果，「詩をつくるより田をつくれ」，「坐禅組むよりこやし汲め」のような諺が生まれました。哲学者西田幾多郎は農民階級出身です。しかし彼の家は加賀藩の下で代々十村を勤めてきた立派な家柄です。十村とは十箇村をとりしきる大庄屋のことです。だから土いじりなどする必要はありません。西田は「一日作さざれば一日食らわず」という禅語を坐右の銘としており，その書も残されています。そして西田はその生れからして当然こえ汲みなどやらずに坐禅を選んだといえます。ラテン語のculturaはこうして脇道を派生させましたがphytourgiaの方は，脇目もふらずにdemiourgiaという終局点へと向かったといえるでしょう。

アリストテレスの三つ組の最後はデモクラシーを目ざすものだと述べましたが，もう一言だけ付言したいことがあります。中世のキ

リスト教の神学者たちはアリストテレスを高く評価し，彼の哲学を学び神学に利用しました。彼らはそろってアリストテレスの哲学のdynamisとenergeiaをpotentia（潜勢）とactus（現勢）という語に翻訳して使いました。しかし奇妙なことにentelecheiaの使用は敬遠しました。だからスコラ哲学は潜勢と現勢の二部構成をとります。そうなったことの理由としては，アリストテレスの完成態なるものが地上における民主制の実現を目ざすものであることに気づき，それは地上の楽土より天上の国を大切にするカトリックの教義にそぐわないと気づいたからだと考えられます。

5

アリストテレスの国家論の
もう一つの柱はコミュニティ全員の
幸福を目ざす共同体の
考えだといえます

　前の章で，アリストテレスの哲学は労働論であり，労働には三つの類があると述べました。実をいえばこれは筆者のやや強引な再構成であるかもしれません。そしてそんなことをしたのも労働の始まりは農業であり外科術ではないことをクローズアップさせたかったからなのです。しかしアリストテレスの本領はむしろ現代のことばでいえば「コミュニティ」についての壮大な理論をつくりだしたことだといえます。

　アリストテレスが労働の哲学へと舵を切ったと述べましたが，その場合の労働は一人でやってよい場合もありますが，やはり単独ではなく多数でおこなうケースの方が多いでしょう。そしてヨーロッパ語は待ってましたとばかりそこで複数形を活躍させます。とはいえ日本語も"人びと"，"面めん"，"めいめい"といった表現をもっています。しかし砂粒をいくら集めても，一つの目的を達成させるこ

とはできません。互いに協力しあう共同体をつくることが先決でしょう。そして日本でも早くから「惣」と呼ばれる共同体が農村でつくられています。

　ちょっと脱線します。中国の共産党政府は首脳部の鶴の一声でゼロ・コロナ政策を施行しました。しかしそれが失敗したとみて政策の大転換をしました。すると一般大衆は困りました。しかし政権は救いの手をさし延べてくれません。そこで彼らは「頼るべきは自分だけ」とつぶやきました。そうはいっても一人だけではどうしようもないのです。お互いに支えあう努力が必要だし，しかもそうした人間は組織化されていなければならないのです。

　アリストテレスはもちろんそうした事態を熟知していました。そしてそれをギリシア語のkoinon（生活共同体）という一語で表現しました。すばらしい着眼です。しかし彼はそれに加えてこのkoinonを次のような三つの種類にはっきりと分割しました。そしてそれがoikos（家）—kōmē（村）—polis（国家）の三つです。これはアリストテレス自身が使ったギリシア語ですが，彼の教えにできるだけ直に触れるためにも我慢してこの三語につきあってください。

√weik	√kei	√pele
血縁的集団	地縁的集落	城砦都市
oikos（希）	kōmē（希） ham（英） hamlet（英） Durham（英） Mannheim（独）	polis（希） Constantinople（希） Singapore（梵） Sevastopol'（ウクライナ）
vicus（羅） villa（羅） Warwick（英） village（英）		

図2

しかしながらそうはいってもここまできたのですからギリシア語にこだわりすぎずにもっと視野を拡げることにしましょう。すると印欧語族の全言語にまで範囲を広げることができます。するとそこにはもちろんインド系の語も含まれています。そしてこの中から三種類の語根を見つけだしますが，それが図2の最上段の三つ組です。ただしその本来の意味はその下に書いてあります。こうと決まれば，そうした語根をもつ具体的な単語を探しだし列挙してみますと三段目となります。とり上げた単語はサンスクリット語（梵），ラテン語（羅），ギリシア語（希），それに英語，ドイツ語，ウクライナ語に属するものです。例としては他の言語のものもありますがそれは省略します。

　具体的な単語について必要なコメントを加えます。vicusはもとは農村という意味であり，villaも農村という意味です。Warwickは地名ですがそこに含まれる英語のwickも農村という意味です。

　$\sqrt{\text{kei}}$ 語根の例のうちhamは村，hamletは小村の意味です。Durhamは地名ですが，そこにはhamが含まれています。Mann-heimも地名ですがそこにはheim（町）が含まれています。

　$\sqrt{\text{pele}}$ は城砦都市という意味をもちますが三つ挙げた固有名詞の後半はその語根をもっています。都市だけでは城内に住んでいる人間は食糧がまかなえません。そこでそのまわりの広い農耕地帯と農民をとりこみ，彼らを含めた国家をつくりだします。そしてそれが都市国家といわれるものです。

　図2に書きこまれた矢のついた3個の曲線に注目してください。これは歴史の進行を示しています。第一の矢線は血縁集団の内部でおこなわれています。そしてそれは家血縁集団から村血縁集団への移行です。第二の矢線は血縁的集団から地縁的集落への移行であり，これは境界線を越えての移行です。第三の矢線は地縁的集落から城

砦都市への移行であり，これも境界線を越えての移行です。第二と第三の移行は珍しい現象ではありませんのでここでは問題にしません。興味があるのは第一の移行の方です。これは第二の移行によって引き起こされた移行であり，血縁的集団内部での移行です。第二の移行つまり血縁的集団から地縁的集落への移行の結果，村血縁的集団から地縁的集落への移行がおこなわれ，血縁性が失われますが，面白いことに，それにひきずられてoikosつまり家血縁的集団までも血縁性を失うのです。しかしこのことで嘆く必要はありません。家の血縁性がなくなるにつれて家に対する血縁性の重圧が消え，そこに埋もれていた個々の家が日の目を見，独立を果たすからです。そしてアリストテレスはそれをoikosと名づけました。この語は$\sqrt{\text{weik}}$ に属しますが，oikosからはそうした血縁性つまり古い氏族的性質があっさり切り捨てられているのです。

　アリストテレスの掘り起こしたオイコスとはすばらしいものです。彼のいう家は一組の男女からなる生活共同体であり，彼は一夫一婦制がポリスづくりの出発点だと断定しました。一夫一婦を尊重したのはヘシオドスも同じですが，ヘシオドスはそこからポリスまでとまでは言っておりません。しかしアリストテレスはそこを目ざしてまっしぐらに突っ走ります。

　以上のことは日本の平安時代の文学作品である『源氏物語』に出てくる光源氏一家のややこしい話とは大違いです。一夫一婦しか認めない現代の日本国憲法の文言，そしてそのもとで生活しているわれわれ日本国民の生き方をアリストテレスは二千年も前に先どりしていたのです。

　アリストテレスの新しい三つ組にもどります。家―村―国の話です。アリストテレスはこの三つはどれも共同体だといいました。そして村は三つ以上の家からなり，国も三つ以上の村からなると明言

しています。この言明は非常に数学的な構造を含んでいます。そこでそれを図3で提示しましょう。この絵は見たことがあるという方もいらっしゃるでしょう。そうです数学のフラクタル理論で使われる図形ガスケット（詰めもの）です。しかしアリストテレスが初めてこの構造を見つけたのではありません。同じギリシア哲学者であるアナクサゴラスから学んだものです。彼はこの構造をhomoio-mereiaというギリシア語で表現しました。文字どおりではいくつもの部分（meroi）が同型（homos）であるという意味です。しかしこの語はもっと正確に定義されていて、「部分と部分の関係も，部分と全体の関係も同型である」とされています。アリストテレスは「同型である」という部分をkoinos（共同生活を営む）という意味で利用したのです。そして単位である三角形を家，最大の三角形を国（ポリス）そして中程度の三角形を村だと押さえたのです。

　せっかくこの三角形が見つかったのですから，この構造をもう少し応用します。図は三種の共同体の存在を示すものですが共同体のどれもがよい目的を目ざして努力しているというわけではありません。現に国ぐるみで他国の領土を侵略しようとする独裁国家があります。しかしこんな愚かなことは食い止めねばなりません。国家というものはデモクラシー（民主制）を目的とし，自国の全国民だけでなしに他国の国民をも幸せにするものでなければなりません。です

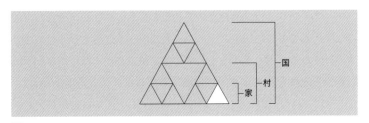

図3

から図3の三角形のすべてにデモクラシーという目標を与えねばなりません。デモクラシーといえば国家体制についてだけだと思われますが、それはまちがいです。おかみの側がつくりだし、これを国民に押しつけるというデモクラシーはつくりものです。ましてや外国から押しつけられるデモクラシーなどもってのほかです。デモクラシーは上から始まるのでなしに、しもじもから始めなければ本物とならないのです。このことに気づいたからこそ、アリストテレスは『国家論（ポリスの学）』を一夫一婦制の家から始めたのです。一夫一婦制といっても、すぐに子供が生まれます。その家が老人を抱えている場合は三世帯となる場合もあります。しかし少なくとも農家の場合老壮幼の三者は協力しあいます。これは村の場合も同様で老人層は自分の経験を数え、壮年層はそれに従って農作業にはげみます。そして幼年層はその手伝いをします。

　最小単位の家の中では、場合によっては父親が息子の頭を叩くこともあります。しかし棍棒までは使いません。村の共同体の場合も村八分ぐらいはやりますが、公開処刑まではやりません。一言にしていえば小さな共同体内では暴力をふるってメンバーを押さえつけることはやりません。やることが穏やかです。しかし国家レベルになると暴力団顔負けで武力をふるってやりたい放題をやるできそこないのならず者国家ができます。そこで常識的な民主国家は互いに協力しあってそういう連中の暴挙を食い止めざるをえなくなります。

　アリストテレスは共同社会の三つ組を提示しましたがそれだけではなく、さまざまの国家のうちで民主制が国家形態としてはもっとも優れていると考えます。そしてここで民主制とはなにかという問題がやっと顔を出します。民主制にあたるギリシア語はdemokratiaです。現代語ではそのままdemocracyとなっていますが発音が似ているからといって同じものだと思えばまちがいです。現代の

democracyを論じる人はぜひともその元祖であるギリシア語のdemokratiaにまでさかのぼり，さらにはdemosということばにまで立ち帰らないといけません。

いよいよこれからdemosというギリシア語がもともとどういう意味をもっているかを調べる作業に入ります。ギリシア語辞典を引いてみましょう。図書館には『希日辞典』が備わっています。ギリシア文字はロシア文字と違って中学の数学の時間からのおなじみです。ついでに述べますとロシア文字の中にギリシア文字がまぎれこんでいます。またロシアのキリスト教はギリシア正教といいます。ロシアでさえ一部分とはいえギリシア文明の恩恵を受けているのです。これに対し日本や中国の立ち位置は全く違います。法隆寺の柱の腹の部分が太っているのはギリシア神殿のエンタシスの影響という人がいます。それはとにかくとしてシルク・ロードを伝ってギリシア哲学が日本に伝えられたなどとはとても考えられません。

ギリシア語のdemosの語根は $\sqrt{d\bar{a}}$ ですがその意味は「分割する」です。同根の英語を挙げるならtimeがそうです。timeは時節とか時刻と訳されますが，時の永い流れから一部分を刻みとった一節という意味です。

しかしギリシア語のdemosはもっぱら「区分された諸地域」というふうに空間的な領域で使われます。その用例としては①demosは国のことである。②demosとは村（農村）のことである，が見つかります。しかし家のことはdemosとはいいません。家は単にoikosです。しかしこの家のメンバーとりわけ世帯主はdēmotēsといいます。もちろんdemotesは一人の人間であり，共同体ではありません。しかし民主制ということを問題にする場合はこの制度の最後のにない手を確保することがもっとも大切です。だからこんどは下から昇っていくことにしますと，①demotesは家族の代表者である。

②demotesは農村共同体の一員である。③demotesは国家の一員である，つまり国民である，ということになります。このようにしてデモクラシーの下からの編成が完成します。

　アリストテレスはこうした工夫でdemotes（デモスのメンバー）という語を使って図3の図形全体にデモクラシー（民主制）の色づけをたっぷり施すことに成功しました。結論的にいいますとデモクラシー国家は家いえのない手の下支えによって成り立つものだということになります。

　demotesと並んでdemiourgosということばがあることに注目しましょう。このことばの本当の意味は共同体（demos）のために働く人のことです。そしてここでアリストテレスの労働の哲学とデモクラシーの哲学がつながります。demiourgosは事実上家いえの家長のことです。彼らはもちろん自分の家のために働きますが，それでよしとするものではありません。彼らは自分の仕事は村のため，そして国のためになるのだという視点ももっているはずです。そして民主国家アテナイはこうした一人ひとりによって成り立っていたのです。

　これから先は余談に入りますがアリストテレスの哲学について苦言を提したいことがあります。それは彼の経済学の思想についてです。アリストテレスは図3で示したように家の存在の重要性を指摘しました。そしてさらに家から村，村から国までの進路を提示しましたがそれはデモクラシーへの道でもあったのです。しかしそれは政治的（political）なルートでして経済的（economical）なルートは中途半端のままでほうり投げられました。そこでこれからその点に触れたいと思います。

　アリストテレスは日本では『経済学』と訳されている書物を出しています。そしてその原題はギリシア語で「Oikonomika」です。こ

れはoikonomia（経済）を扱う学という意味です。そこで図4ではその出発点としてoikonomiaを置きました。oikonomiaは文字どおりにはoikos（家）のやりくり（nomos）という意味です。oikosは図2（44頁）でも示されているとおりアリストテレスの大発見です。だからoikosからの出発は自然です。しかしアリストテレスはそこで足踏みはしません。直ちに村，そして国へと突っ走ります。するとoikosは取り残されます。だからoikonomiaを経済と訳してしまいますと不都合が生じます。経済は家庭経済だけではないからです。だから図4でも解るように農村経済および国家経済にはoikonomiaということばが使われていません。このことばを使えば矛盾が生じるからです。もちろん古代ギリシアでも農村経済も国家経済も存在します。するとその両者にはそれに相応しい名称が必要です。そしてそれがagronomiaとdemosionです。前者のagroは農場という意ですからぴったりの用語です。次にdemosionですがここでのdemosは国家という意味ですからここでも名は実に従っています。それは確かなのですが，agronomiaをもdemosionをもアリストテレスは論じていません。しかしその理由はアリストテレスは経済については家計のことは大切なものとして論じてはいますがpolitikaつまりpolis（国家）の理論づくりを急ぐあまり経済学の研究には手がまわらなかったのでしょう。

	家庭経済	農村経済	国家経済
古代ギリシア語	oikonomia	agronomia	demosion
現代ギリシア語	idiotike oikonomia	agronomia	politike oikonomía
英語	domestic economy	rural economy	political economy national economy

図4

以上は古代ギリシア語の中だけの話です。しかしギリシア語には
なお現代ギリシア語があります。そこで話をそちらに移しましょう。
もちろん現代ギリシア語の辞書は存在します。しかしこの辞書は文
字は同じギリシア文字が使われていますが訳語の方は大いに異なり
ます。もちろん古代ギリシア語の意味が保存されている語も多いの
ですが，それとは全く違った意味つまりいたって現代的な意味に変
えられてしまったケースもあります。ですから古代ギリシア語の辞
典と現代ギリシア語の辞典をならべて較べると興味津々の楽しい時
が過ごせます。

　それと似た体験がギリシア訪問にさいしても味わえます。アテナ
イを訪問する人はみんなアクロポリスの丘に登ってアテナイの神殿
を眺めます。確かに石柱などは昔のままですが肝心の金ピカの巨大
なアテネ像などはみつかりません。日本の寺院とは大違いです。キ
リスト教徒にとって，そしてその後侵略してきたトルコ人にとって
そんなものは異教徒の偶像にすぎませんから撤去されたのは当然で
す。筆者はそうした空しい神殿を見ただけでは満足できませんでし
た。アクロポリスの丘を下りてからこの岩の麓を一周しました。そ
こにはたくさんの洞窟がつくられていて，祭壇が設けられていまし
た。おろうそくの火もともされていました。これだけは日本でも同
じです。しかしよくよく見ると祭壇にはマリア様が安置してありま
した。これからみると現代のギリシア人はすべてギリシア正教の信
者となっており，そのうちの女性たちがそれぞれのマリアを大切に
し毎日訪れておろうそくをともしていたということがわかるのです。

　古代ギリシア人の墓地は廃墟となっていましたが現在では発掘さ
れ，墓石の銘文も読みとられています。しかしそれを見てからも筆
者は現代ギリシア人の共同墓地を訪れることを忘れませんでした。
そこには当然のことながら十字架を刻んだ墓が林立していましたが，

筆者は銘文の刻まれている墓石を丹念に調べまわったことを記憶しています。

　以上のような体験をしたものですから筆者は図4にわざと現代ギリシア語の欄を設けたのです。すると効果はてきめんでした。現代ギリシア語にも oikonomia が使われていますが、なんとその語のそれぞれに idiotike（個人の）と politike（国家の）という形容詞がつけられ、両者は対立させられているのです。経済には家庭経済と国家経済があり、両者は区別されているから当然の措置ですが politike oikonomia という語についていえばそこに oikos（家）と polis（国家）という語が存在しこの二つが衝突しているとしか思えないのです。しかしこの疑問はこの語が英語の political economy に従ってつくられたことから来たということで解消できます。英語の political economy にはさほど抵抗は感じられません。しかしそれでも違和感をもつ人もいると見えて economics（経済学）という一語を使って、国家経済はこの経済学の研究対象を意味するとされております。

　このようにして近代になってからアリストテレスが放置した経済学なるものが成立し、政治学に対抗できる位置を築くようになったということがわかります。そしてこの経済学が研究するに足る大規模な経済現象も現れてきました。しかしながら政治に対する経済の優位性は、アリストテレスの徒である筆者には受け入れ難いのです。現在見られる民主主義体制と独裁体制の死闘には目をそむけ、どっちもどっちだという態度をとり、戦争がおこなわれている最中でも戦争による損得しか考えようとしない経済人は日本だけでなく世界中にはいっぱいいるからです。

　以上四つの図を使ってのアリストテレス流の国家論を終ります。筆者はアリストテレスの正論に沿いながらさらに彼の哲学の深層を探ろうと努力しました。そして便宜的に印欧語族の語根を利用しま

した。いわば哲学に関する考古学的調査です。そしてそこに人類の知られざる構造が摘出できました。読者の中にはそんなできすぎた構造などあるものか，それは筆者の勝手な手品であり，お遊びだと思う人がいるかも知れません。しかし筆者は妄想をもて遊んでいるのではありません。最先端の印欧語言語学にもとづいてまじめな仕事をしているのです。ただし論理学ではなく言語学を援用することにはひけ目は感じます。しかし深層を探るといってもチョムスキーの深層構造論とはわけがちがいます。お遊びということばはむしろチョムスキーに向けられるべきでしょう。筆者は国家構造の手始めに言語学を使いましたが理論としては論理的構造を使わねば十分ではありません。そしてこれからそれを実行してみせますが，今の仕事はその準備段階だと思ってください。しかしながら図3のような数学的構造がアリストテレスの中に隠されていることはしっかり記憶しておいていただきたいと思います。

6

アリストテレスの国家論には
致命的な欠陥があります。
つまり彼の国家論は存在論であり，
義務論ではないからです

　以上でアリストテレスの国家論を再現しました。しかしそのうえ
で残念ながらアリストテレスの哲学には致命的な欠陥があることを
指摘しなければなりません。そしてその欠陥はどうしても見過ごす
ことができません。この問題は哲学的に非常に根深い問題なのです。
だから前章と同様に印欧語の語根にまで遡らねばなりません。なん
といっても哲学者は古くから論理などより言語にもたれて仕事をし
てきましたから，哲学の首根っこを押さえつけるのは，言語を手が
かりにする方が手っとり早いのです。
　例によって図をつくります。そしてここでも語根を利用しました。
図5を見ればおわかりのように国家論には二種類あることが示され
ています。つまり上段は存在論の立場に立つ国家論であり，下段は
義務論的国家論です。「存在」と「義務」の違いは現代論理学を使っ
て正確に提示できますが，それは後ほどおこなうことにして，今は

まず言語論のレベルで話を進めます。

まずkoinonとcommunityの区別から始めます。koinonはアリストテレスが使ったギリシア語でして共同体の意味で用いられました。そしてそれに三種類あることは前に指摘しました。

次にcommunity（コミュニティ）の方ですがこの英語のもととなる語はcommunitasでありこれはラテン語です。そしてこちらは単なる共同体ではなく権利義務共同体です。しかしながら両者の違いはきわめて大きいのです。

$\sqrt{kei}$という語根はギリシア語ではko-となります。そしてこれは「共に」という意です。次に$\sqrt{kei}$という語根はラテン語ではcon-となります。そしてもう一つの$\sqrt{mei}$からはmunusという重要な単語がつくられます。そしてこの語は「義務」という意味なのです。conとmunusからconmunitasがつくられますがこうなると単なる共同体でなく，義務で縛られている共同体となります。しかし義務という語が顔を出すと当然ながら権利というものもつれられて出てきます。こうしてcommunitas（権利義務共同体）という語が誕生しました。これに対応するギリシア語はアリストテレスのどこを探して

存在論 (ontology) の領域	$\sqrt{kei}$(ko-)	koinon₁ （家族共同体）	koinon₂ （村落共同体）	koinon₃ （国家共同体）
	実例	oikos（家）	kome（村）	polis（国）
義務論 (deontology) の領域	$\sqrt{kei}$(con-) ＋ $\sqrt{mei}$(munus)	community₁ （家族内権利 義務共同体）	community₂ （村落内権利 義務共同体）	community₃ （国家内権利 義務共同体）
	実例	family（家族） household（所帯）	commune communality municipality （市町村・地方自治体）	republic state nation country government（国家）

図5

も見つかりません。アリストテレスは存在論から義務論への跳躍を自らに禁じていたからです。

　権利義務の概念は始めから法文化されていたものではありません。それは借りたものは返さねばならないという心情レベルの段階から始まります。実際，村の共同体では「やらずぶったくり」，「俺のものは俺のもの，お前のものも俺のもの」という無茶は通りません。そんな気持では村の生活は一日も送れません。しかしそのうち村では村の掟というものがつくられ，それが明文化されてきます。こうしたことは日本では中世の惣村体制の中で出現します。しかし村に掟という権利義務体系が導入されだすと村は大きく変貌します。やがて惣村は明治に入ると，しっかりした市町村になります。そしてそれは地方自治体と呼ばれるようになりますが，ここから近代国家しかも民主的な近代国家の歩みが始まります。

　communityにとってmunusというラテン語が決定的な働きをしたことはおわかりくださったと思います。しかし理解をもう一段深めていただくためimmunity（免税）という英語をもち出します。この話の中のim-（＝in-）は否定を示す語です。残りの部分munusは義務を意味しますから，結局この語は義務逃れという意味になります。しかし庶民にとってはヨーロッパと日本を問わずこれほど腹立たしいことばはないでしょう。ヨーロッパも日本もその歴史の一時期に身分制という忌まわしい制度を経過します。というのも貴族と僧侶身分そして日本では武士身分が庶民には許されない無数の特権をもつことができたからです。

　フランスでは大革命まで彼らは免税を始めあらゆるいやな義務からの免除が認められていたのです。そうしたことに腹を立てた民衆は武器を握って悪しき制度を一挙に粉砕したのです。とはいえ現代の民主主義国でも，特権者の兵役逃れの例も見られますし，大統領，

議員，外交官のいろいろの特権が公認されています。ロシアのある悪質な外交官は私用車で駐車違反をしながら外交官特権を振りかざし，罰金を踏み倒して帰国したという例もみられます。

　図5は古代ギリシアとヨーロッパの前近代を対象にした図でした。そこでこんどは舞台を現代に移します。ただしここでは三分法でなしに二分法にしています。図6は現代の民主主義国家のもつ標準的構造を示しています。日本国でもそのとおりでしてそれは日本国憲法によって保障されています。

　図6は上段と下段に分かれていますが上段は政治分野であり，三権分立の原則に従っています。下段は経済分野ですが，「国会中心財政主義」つまり行政機関が勝手な財政をおこなわないように国会が歯止めをかけるという考えにもとづいて経済はいちおう政治に服するという立てまえになっています。

　図5と図6を較べましょう。すると，図6は図5の右下の二つのセクションつまり「市町村，地方自治体」と「国家」に相当することに気づかれることでしょう。しかもそれが法的には完全に整備されていることもおわかりでしょう。これはこれで民主国家の構造を明示するものとして結構です。しかしこれはどうみても上からのおっかぶせだという気がしてなりません。そこではアリストテレスが考えた家族共同体なるものは消されてしまっています。だからこそ三

	地方共同体	国家
議会	地方議会／市議会	国会
行政	地方行政／地方自治	中央行政
司法	地方裁判所	最高裁判所
経済	地方共同体財産／地方財政 地方税／地方共同体予算	国有財産／国家財政 国税／国家予算

図6

部構成が二部構成になってしまったのです。しかし果たしてそれでよいのでしょうか。法学者のひねり出した国家構造を上から民衆に与えてもそれだけで民主主義体制が生み出されるとは思えません。確かに図6は独裁国には絶対に見られない完璧な出来上りです。しかし民主国家は上から整えることも大切ですが，もともとの出発点を忘れてしまっては困ります。ですから古いといわれるかも知れませんがせっかく整備された図5の構造を頼りにして図6に対し反撃を加えたいと思います。

お偉い方が努力してつくった民主国憲法の構造に対するしもじもからの巻き返しは，やはりヘシオドスとアリストテレスにまで立ち帰った方がよいでしょう。しかしヘシオドスは国家までは考えなかったので，アリストテレスから出なおすことにしましょう。そしてまず彼の『国家論』の前に位置する『オイコノミカ（家政論）』を見ましょう。するとそこにはoikonomos（家長，家父）たるものは一定の財産をもち，さらにそれを失うことのないよう努めるべきだといわれています。これは明らかに私有財産権の宣言です。そしてこれによって私有財産を勝手に巻き上げる独裁政権に抵抗できる砦が築かれたことになります。この私有権は家長のものであり，個人のものではないからそうした私有権は人権とはいえないなどといってけちをつけないでください。ギリシア語にoikodespotesということばがあります。家の中での暴君という意味です。しかしアリストテレスのoikonomosは家の管理者という意味です。家というものは共同体ですがそこにはリーダーが必要です。家が三世代からなるとしますと当然働き盛りの一人が家長をつとめます。三世代は祖父―父―子からなりますから家長はまた家父長だともいえます。しかし家父長は年をとりますとその地位を次世代に譲ります。家父がゴロツキでない限りそこには民主制の原型がうかがえます。ここで民主制と

いう語を使いましたがこの民はまだ国民という意味ではありません。単に庶民という意味です。

アリストテレスの古臭い家長制にこだわりましょう。これがデモクラシーの原点であり，根拠地だからです。足腰の弱いデモクラシーは意味がありません。図6でみられるように幸いにして現代のデモクラシー体制は地方共同体の独立性がみごとに達成されています。地方組織が有無をいわさず中央権力の意のままに操られているのとは違います。民主国家としては褒められるべき事態です。しかし民主国家はなお地方共同体より下の支えが必要なのです。そこでこの期に及んで最後の抵抗を試みたいと思います。

その一。家長は私有財産権をもちますからその点に関しては国からの干渉を受けつけません。しかし私有財産をもつことは経済的独立性だけでなく政治的独立性をも伴います。この立場に立てば近代の間接民主制に対する批判つまり直接民主制を蘇らせる試みの根拠ともなりえます。代表者を名乗る私欲の追究者を直接弾劾できるからです。

その二。その一は庶民のもつ根源的な誇らしい権利の話ですが，こんどは庶民のもつ同じく誇らしい義務を挙げます。そしてその第一は扶養の義務の話です。現代の民法でも世帯主の家族に対する扶養が義務づけられています。家族の扶養は国家の責任でなしに世帯主の責任であり義務なのです。義務というものは普通はいやなものですが，これは名誉ある義務でありむしろ誇るべき権利だといってよいでしょう。

その三。もう一つの誇らしい義務があります。それが教育の義務です。国家は義務教育制という看板を挙げていますが教育は世帯主の義務です。教育の義務といっても，その義務は子供が負うものではありません。世帯主が負うのです。しかし世帯主はこの義務をい

やがることなく引き受けます。家長がんばれと応援したくなります。

　以上三項目は古い制度からのつつましやかな抵抗です。しかしこれは無駄な抵抗ではありません。現代の議会制民主主義は代表制です。だから選ばれたとはいえ，いったん選ばれれば好き放題をして私利私欲に走る輩が出てきます。次に扶養と教育の義務については独裁国家が家庭から子供を引き離し国家機関で特殊な教育を施すといった実例もあります。しかしその一からその三はそうしたことを食い止めうる抵抗の基地なのです。

　以上で図5についての説明を終ります。しかしもう一つだけぜひともコメントしておきたいことがあります。かなり前にもどりますが現代ギリシア語でidiotike oikonomiaとpolitike oikonomiaという二つの表現が現れたという話についてです。こういう恥ずかしい事態が生じたのは現代ギリシア人の罪ではありません。彼らは単にprivate economyとpolitical economyという英語の表現をなぞっただけなのです。問題は家庭と国家という関係がギリシア語のidionとpolitikonの関係に置きかえられた点にあります。このうちpolitikonは国家的という意味で考えてよいのですがidionの方は個人的という意味の他に馬鹿者という意味が加わっているのです。

　以上の事情はかなり複雑ですのですっきりさせるために図7をつくりました。

　始めに記号上の注意を述べます。politesとidiotesは古代ギリシア語です。その他の横文字は現代英語です。図7の上段は図5上段で明示されている家─村─国の三つ組の構造に従うものです。ですから当然家のメンバー，村のメンバー，国のメンバーが存在することになります。ところが実は家のメンバーも，村のメンバーも，国のメンバーもpolitesつまり国事第一主義者なのです。家のメンバーはたいていは家の仕事をしていますし，村民つまり農民も農業の

かたわら村全体のための仕事もやっているだけです。しかしいざ国家の有事ということになればそうした仕事はほうり出して馳せ参じます。いいかえれば家のメンバーも村のメンバーもすべて最終的には国家のメンバーつまりpolites（国民）なのです。そして本当のデモクラシーはこういう構造でなりたっているのです。彼らはすべて模範的な国事第一主義者，あるいは国事優先主義者なのです。しかし実際のところはそうはなっていません。国事をサボって私事の方を大切にする人間もいます。そしてそういう人間はidiotesと名づけられています。これはidion（私事）を優先する人間という意味です。こういう連中は時代が降るにつれてより顕在化します。しかもいろいろな種類のものがでてきます。そこでそういう種類の連中を英語で表すことにしました。そしてこれは現代でも通用する英語です。まず［idiot］ですが，これは愚者つまり馬鹿という意味です。しか

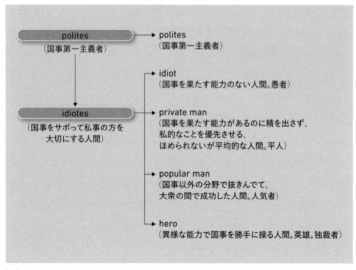

図7

し明らかにギリシア語が英語になってしまったことばです。ギリシア語のもとの意味は，国事をつとめたくてもその能力がない人です。しかしこういう人は馬鹿にはされても責められはしません。

　次に［private man］ですがこれは私的な仕事を優先し勝ちの人間ですから誉められた人間ではありません。しかし時代が下るにつれてこういう人間は増え続け多数派になり始めます。つまりこういう人間は平均的な人間とされ，平人つまり普通人という意味になります。しかしこうした連中は本来の国事第一主義からいえばドロップ・アウトにちがいありません。ですから彼らは手ばなしで認められている存在ではありません。お灸をすえねばなりません。privateということばはprivacyの保護などといって現在ではひどく大事にされています。しかしprivateという語はdepriveされた人間，つまり大事なものを失っている人間という意味なのです。そして大事なものとはもちろん国事を尽くすということなのです。

　次に［popular man］ですがpopularはpeopleからつくられた語ですからpopularは民主主義の定義のgovernment for the peopleへつながると思えますがさにあらずであり，単にpeopleの人気を勝ちとっただけという人間なのです。

　次に［hero］ですが，国家第一主義者の目からheroなるものはもっとも忌むべき存在です。［hero］という語はギリシア語から来たことばです。しかしギリシア時代からヒーローなるものはホメロスの詩に登場する連中でして，ヘシオドスの農民とは氷炭相容れぬ存在です。英雄だというだけならまだ許せるとしても国事を勝手に私物化する独裁者に至ってはまさに民主制の仇敵なのです。

　このように見てきますとアリストテレスがきちんと定義づけた民主制なるものがなし崩しに消し去られてしまうような危惧に襲われます。しかしそうしたことはヨーロッパの近代人が自ら仕出かした

所業にすぎません。とはいえヨーロッパの伝統の中にアリストテレスのデモクラシーの考え方，アテナイのデモクラシーの記憶が残っているはずです。だからまだまだ希望を捨てることはできません。

　ここまで説明してきましたら，図4（51頁）に見られるidiotike oikonomiaという奇怪な表現の重大さが理解していただけると思います。oikonomiaつまり一家内の家政はそのまま村の政治，そして国家の政治へとつながるのが当然であるのに，その家政に国政を無視し，国政からドロップ・アウトしたことを意味するidiotikeという汚名がべったり貼りつけられてしまったのです。

　以上のことから考えればヨーロッパ人は現在の民主国家をつくりだす前にきわめて不名誉な脇道を通って来たのだという事実を見逃すわけにはいきません。とはいえ現在はすでに正しい道にもどることに成功していると見なすことができ，アリストテレスの徒である筆者はひとまず胸をなでおろすことができたといったところです。

7

アリストテレスの
デモクラシー国家論には
国民の軍役についての
議論が抜け落ちています

　アリストテレスの国家論すなわち①家から村を経て国に至る一つながりの連鎖性と②家の統治形態，村の統治形態，国の統治形態が互いに相似的であるという全体構造はすばらしい発見ですが，その上に，アリストテレスが自らに禁じていた義務論的要素を補完すれば，デモクラシー論としてはこれを超えるものは考えられないでしょう。

　しかし読者もお気づきのことと思いますし筆者も痛感している一つの重大な事実があります。そしてそれはアリストテレスの国家論には軍事についての話が全く出てこないという一点です。

　アリストテレスの構想に義務論的要素を加えてつくられたのが現代の民主主義諸国の憲法ですが，そこには国民たるものの権利と義務とが列挙されています。日本国憲法も各種の権利の大盤振るまいがなされています。しかし法体系であれば権利を与えるだけで義務

を課さないということは論理的にはありえません。だから日本では憲法の第30条に納税の義務が明記されています。しかし旧憲法を調べますと第21条には「納税ノ義務ヲ有ス」とありますが，その前の第20条には「兵役ノ義務ヲ有ス」とあります。もちろん旧憲法でも権利は列挙してありますが，二つの義務を課すことを忘れてはいません。

　こうみてきますとアリストテレスが国家論において兵事に関する話を脱落させたということはすばらしいことだと思う人がいるかもしれませんがそれは違います。

　アリストテレスの理論はさておき，現実のアテナイの民主制はアテナイ国民の国民皆兵によってなりたっているのです。アテナイ国民にとって軍役は逃れられない義務です。ソクラテスも若いときには一兵卒として戦場に出ています。戦いが不利になっても逃げずに踏みとどまっていたといわれています。プラトンもアテナイ人ですが貴族階層ですので，ソクラテスのように一兵卒として戦場に出たかどうかはわかっておりません。そこでアリストテレスですが，彼はギリシア人ではありますがアテナイの国民ではありません。彼は18歳の年に初めてアテナイへ留学してきました。プラトンのもとで勉学するためです。しかし死ぬまでアテナイの国籍（市民権）をとることができませんでした。ですから彼はずっと在留外国人という身分のままでした。国籍をもっていませんから国政に関与する権利は与えられません。しかし兵役の義務も課されません。そんな人間は奴隷そのものだというべきですが，在留外国人はいくつかの特別の権利を与えられていましたので彼らは奴隷ではありません。彼らは能力に応じてそれ相応の待遇を受けていました。

　アリストテレス個人についていえば彼の父親はマケドニアの王の侍医でして，その縁でアリストテレスはマケドニアの皇太子の家庭

教師をしたこともあります。しかしマケドニアはギリシアの隣国でして文化はだめですが軍事強国です。ところがギリシアとマケドニアの関係は悪くなり，ギリシアは反マケドニアの態度をとるようになります。するとアテナイ人ではないアリストテレスの立場は危いものになります。実際，アリストテレスはアテナイにとって好ましからざる人物として告訴されます。しかしアリストテレスはソクラテスとは違います。とり押さえられる前にアテネから出国しました。

　アリストテレスはアテナイの国籍をもちませんから政治的な経験もありませんし兵役についてもいません。だから経験を重んじるアリストテレスが政治や戦争について具体的なことを書くことができなかったのは当然です。しかし彼はそれだからこそアテナイの国制をつき放して冷静に見ることができたのであり，これが彼の国制に対する客観的で抽象的な理論化の成功につながったと思われます。

　改めて民主主義国における兵役の義務について考えましょう。ここではアリストテレスは役に立ちません。アテナイの国民たちは政治にも熱心に参加しましたが，戦争にも協力を惜しみませんでした。だからこそあのペルシアの大軍に勝利したのです。アジア的な独裁政権にみごとに打ち勝ったのです。しかし新たな独裁国のマケドニアには勝てませんでした。とすれば，国家間の勝敗は軍事力の差によるものだということになります。そして民主体制か独裁体制かはさほど重大な要素ではないということになります。もしこうした判断が正しいとすれば民主派である筆者にとってその将来は破滅的です。しかしこうした絶望的な事態から逃れる方向が見つかるのでしょうか。

　アリストテレスの徒である筆者は助けの綱をアリストテレスに求めるしかありません。そこで改めて図5（56頁）に立ち返ることにしましょう。アリストテレスがはっきりと明示してくれた道は上段の

道だけです。ところがその後いろいろの脇道が出てきました。これらすべてが邪道とはいいませんが，どれも勧めたくない道です。そしてその最たるものがheroであり暴君です。ヒーローなら軍事力は使いますがそれを有効に使うこともありえます。しかし暴君つまりtyrantは暴力一本槍で，軍事力を無制限に使います。そしてその目的も自分と自分のとりまき連のためにしか使いません。暴君のいきつく先は暴力のための暴力，軍事力のための軍事力であり，軍事力の自己目的化です。彼らは日夜包丁を研ぐことに全努力をつぎこんでいるのです。こういう連中にかかっては温厚な民主国家は敵いません。近代になってから平和協約などを結んで戦争になることを防ごうとしますが，国際法には制裁がありませんから，約束など平気で破る無法国家が出てきます。そしてかちえた勝利を自慢するというケースもでてきます。しかしそうした現状に対し真っ向から抵抗できるのは図5のデモクラシー体制だけなのです。

　この体制でいちばん大切なところはその出発点です。アリストテレスは出発点を家族共同体に置きました。そしてこれこそ最初の出撃地点なのです。次に村共同体が，そして国家共同体が築きあげられます。この方式でつくられたデモクラシーは上からの押しつけのデモクラシーではなく下から押し上げるデモクラシーです。だからこのシステムでは上が威張ったとしても下は抵抗します。上層が下層を武力を使っていくらへこまそうとしても家共同体や村共同体は最後まで抵抗してひるみません。それどころか折りを見て巻き返しを図ります。下賤だと蔑まれたとしても，意に介さずはね返します。もちろん反撃は一人でおこなうのではありません。共同体というしっかりした組織をつくって戦います。最後の一人になるまで戦うという表現はまちがいです。この期に及んで「お一人さま」はナンセンスです。最小の集団になるまで戦います。しかしこうした最後の

集団は一つではありません。国中そうした最後の砦でいっぱいだというのがアリストテレスの民主主義の根底にある考えだと筆者は推定します。もちろんアリストテレスはそんなことは口に出しては言っておりません。しかしそうしたことぐらいは賢明なアリストテレスはおわかりだったと思います。

　アリストテレスの家と村の共同体からの国家づくりの方法が，国家の私的利用者にカウンターパンチを食らわせる能力をもつものとすれば，国と国との戦いにおける暴力国家に対しても同じ能力を発揮できるにちがいありません。

　独裁国家の軍隊はどうせ独裁者の私兵あるいは一党派の兵にすぎません。独裁国家が国民皆兵制を施けば独裁者はかえって危くてたまりません。だから民主国と独裁国の戦いは国民皆兵と私兵との戦いになります。独裁国は私兵が崩壊すればそれでお終いですが，民主国家は違います。たとえ正式の国軍が敗北したとしても，武装した無数の地方組織は抵抗を止めません。民主国家はそうした地方組織が集ってつくりあげられた組織ですから，そう簡単にばらばらになり雲散霧消することはありえません。たとい村レベルにまで敵兵に追い詰められたとしても村共同体と家共同体は自らを最後の砦とし，反撃に転じ成功を収めることでしょう。いま述べたことはアリストテレスのデモクラシー体制論の深読みのしすぎだといわれるかもしれません。しかしこうした解釈はアリストテレスの家から村，村から国へという構想と矛盾するものとはいえません。

　話は変りますがアメリカ軍は太平洋戦争で日本軍を追い詰めました。孤島であるサイパン島ではまず日本軍が玉砕します。そして残された島民も岬から海に飛び込んで自決します。そしてこの岬はバンザイ・クリフという名で知られています。北条一族が鎌倉の地で全員自決した話や楠木正成兄弟が互いに刺しちがえて死んだという

話は有名です。しかし武士にやれることが庶民にやれないいわれはありません。米軍は本土決戦が始まれば，日本全土でこういう抵抗がおこると考えたのかもしれません。GHQはデモクラシーを日本に植えつけたことはいいとして少なくとも占領期間中は非武装化の徹底に努め，国民に対し彼らのもっている刀という刀をぜんぶさし出すことを命じたのです。しかしすべての日本人は刀などは役に立たず，竹槍の方が有効だとして竹槍づくりに精だしていたのです。

　GHQの当座の非武装政策をどう忖度したのか日本人は自らの手で非武装のプリンシプルを憲法9条という形にみごとに彫琢したのです。それはとにかくとしてアリストテレスは軍事の話には触れていませんが，非武装のすすめなどは一言もいっておりません。

　図5においてアリストテレスの正道がはっきり示されているにもかかわらず残念ながら現実にはいろいろの脇道や邪道が生まれていることは確かです。しかも21世紀だというのに史上もっとも強力な独裁者が現れ，隣接する平和的な民主国家の領土の侵略を始めたのです。そしてこういう状況は他国の話ではなく，日本国においても疑いようなく生まれているのです。

　日本も，もし侵略され村むらの中にまで軍隊に押しこまれてきても，そこで最後の抵抗ができるだけの準備は考えておくべきです。いま「日本も」といいました。しかしこういういい方はやはりひとごととしていっていると思われます。だから主語は筆者も含めてわが家，わが村といういい方をしなければなりません。

　筆者は前の戦争末期の竹槍時代を知っています。だから「われわれ」も前と同じ行動をとると思います。私個人についていえば，先祖代々の墳墓の地で生命を捨てることになんの不自然さも感じません。とはいえ日本国は山国です。田野の村から逃がれ，山間の地で平家の落ち武者村をつくって生き延びてくれる人びともいるにちが

いないという望みだけはもちたいと思います。

　とうとう筆者は自分自身を追いつめて，最後のことばを口に出してしまいました。しかし今の一文は日本人には読んでもらいたくありません。当てつけと思われるからです。筆者はさっきの文章をただただプーチンを始めとする独裁者たちだけに突きつけて読ませてやりたいと思うだけなのです。

8

以上で本論を終えることにしまして、
これからは余論に入ります。

余論▶その一
アリストテレスの
デモクラシー国家論に対する
強力な対立思想がでてきました。
そしてそれが社会(society)という
奇妙な存在です

　まずsocietyということばがどこからひっぱり出せるかということから始めます。20世紀ドイツの社会学者テンニエースは『ゲマインシャフト (Gemeinschaft) からゲゼルシャフト (Gesellschaft) へ』という本を出しました。これを英語にしますと『communityからassociationへ』となります。そしてこの後者からsocial(社会的) およびsociety(社会) という語が抽出できます。この二語はラテン語から直接来たもので"結ばれたもの"ぐらいの意味しかもちません。そこで英語での探索はやめて、もとのドイツ語にもどりましょう。

　Gesell(仲間) という語の後半はsalon(広間) という意味です。ge-の方はcon-と同じ意味で「共に」という接頭語です。ですからGesellは「大きな部屋に集う仲間」という意味です。ただしこの部屋は国事を論じるような公の施設ではありません。実はGesellに似た語がドイツ語にはもう一つありましてそれがKamerad(カメラート)

です。この語はもちろんフランス語のcamarade（カマラード），英語のcomradeから来たもので，もとの意味はラテン語のcamera（部屋。ちなみにキャメラ［暗箱をもつ写真機］も同類の語）から来たものです。

　現代のフランス語のcamaradeのもとの意味は単に「部屋をともにする3人」という意味ですが，フランス語の辞書でこの語を調べて見るといろいろ面白いことがわかるので紹介しましょう。

　①同じ屋根の下で同じかまの飯を食った連中（フランス語には飯はなくパンだけですからcopinあるいはcompagnonという表現をします）。

　②小中学校の同じ教室で勉強した連中。彼らは卒業後も同窓会をつくり交友関係を続けます。

　③大学の同じ講堂で，講義を聞いた連中。彼らも卒業後同窓会をつくります。同窓会では共産党の党首も保守党の党首も政治を忘れて昔話に花を咲かせます。

　④戦場で生死を共にした連中。兵隊仲間。

　以上が代表例です。どれも平民的で民主的な集まりです。Gesellがsalonに集まる高貴な連中だという事態は17〜18世紀の時代の話であり，平民優位の時代になりますと，フランス語のsalonard（サロン人）は上流階層のサロンに出入してわが身の栄達をはかる鼻もちならぬ人という意味になってしまいます。

　これからcamaradeの特殊な用法を二つあげます。第一次世界大戦の末期，戦いが不利となって敵方に降参するとき，ドイツの兵士は武器を捨て両手を挙げて「カマラード」と叫んだとされています。これは「俺たちはもともとお前たちの友達なんだ。だから馬鹿な戦争はもうやめよう」という意味なのです。今やっている戦争は両方の政府が面子を失うまいとしてわれわれにことわりなく勝手にやっているだけだ。しかしわれわれはもう奴らの手先になって戦う必要がない。戦いの被害者同士で戦うのは無意味な行為だと彼らは覚（さと）っ

たのです。

　次は共産党に特有の用法であり，いまでも使われています。例えばフランス語ではCamarade Stalin（カマラード・スターリン）という使い方が見られます（ただしロシア語はタバーリシチといいます）。同志スターリンという意味ですが，この表現は，共産党員でありさえすればどんな下っ端でも使えます。しかし雲の上の恐しい最高権力者に向ってそんなことをいってよいのでしょうか。ここで同志と同士は意味が違うことに注目しましょう。同士なら友達同士という対等な関係になりますが同志は違います。共産主義という尊いイデオロギーをあがめるという点においては誰も平等だというわけです。イデオロギーの下での平等というやつです。そういわれればそうだと思えますが，しかしそれはやはり立てまえであり，恐れ多い党首スターリンと一共産党員には確固たる隷属関係が横たわっていることを隠すわけにはいかないのです。

　societyという語の意味がよく把握できなかったので，とりあえずドイツ語のGesellおよびフランス語のcamaradeというわかりやすい語について考えてみました。しかし共産圏で使われるcamaradeは民主主義国側の人間にとっては理解に苦しむ異様な用法ですのでそちらには触れないことにして，camaradeの意味する対象を前に挙げた①から④までの四つに限りましょう。そしてこの四つがsocietyの実質的内容だとしましょう。ただし④については注意が必要です。というのはここでいう戦友とは無意味な戦争にかき集められ，戦わずともよい国を相手に戦いをしている場合の戦友のことをいいます。ですから民主国がおこなった戦いのさいの戦友は含まれません。ここでいう戦友とは独裁者の私戦を戦わされているときのかき集めの戦士同士のことです。こういう注解をつけて改めて①から④を見ましょう。するとこれらの集団はどれも国家とは無関

係の存在であることに気づかれることでしょう。しかしこれだけだとどうということはないのですが、この①〜④をsocietyだとしたとき、これがcommunityと全く異質な存在であることがあらわになってきます。さらに「communityからassociationへ」というテーゼを担ぎ出されると事の重大さがわかってきます。つまりこれはアリストテレスの出したデモクラシー国家論からの逸脱であり、それどころかそれからの堂々たる解放宣言だといえるからです。

　そうした状況を図8にしました。するとこれが図7(62頁)と同じ構造であることに気づかれるでしょう。さあこのようにしてsocialということばは市民権を手に入れました。そしてそこからsociology(社会学)という新しい学問が堂々とデビューしました。さらにsocialism(社会主義)というイデオロギーも大人気を博しました。しかしそれはアリストテレスの徒としての筆者には大きな違和感を抱かせます。これは古いギリシア語的感覚をもつ人びとも同じと見えて、現代ギリシア語で社会学の項をひいてみますとkoinoniologiaとなっています。socialに相当する語がギリシア語にはないのでkoinonという語にしがみついているのです。しかしそれはそれで一見識といえるでしょう。

　sociologyという学問はなんとも不思議な学問です。筆者にも有名な社会学者の友人がいます。しかし決して意見が一致することは

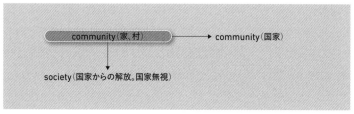

図8

ありませんでした。彼らには国家という概念が念頭から消えているからです。

　ウクライナ戦争についての番組をみていました。プーチンの表立った支持者はいませんでした。大体の空気は独裁国が民主主義国を無法に侵略しているといったものでした。しかし一人だけ社会学の訓練で育った出席者がいました。社会学者ですから国家に関心はありません。民主国か独裁国かの違いにも関心がありません。ですからウクライナ戦争に対しても昔日本でやっていた子供たちの石合戦の見物人だという態度しかとれないのです。あるいは大相撲で東と西が争っているとしか思えないのです。どっちが勝つかは面白いのかもしれません。しかしことは本当の戦争です。さすがにほっとけないと思うはずです。しかしその場合の判断もこの戦争はどっちもどっちだ，だからそんな無意味な戦争は止めた方が利口だろうというくらいの判断しかできません。しかしさすがの社会学者もそこまでは高言できず適当なことばで口を濁していました。

　社会主義についていいますと日本社会党の浅沼稲次郎は訪中時に「米帝国主義は日中両国人民の共同の敵」だという有名なことばを後世に残しました。しかしこれを聞いて笑わないでください。それはそうとして現在の社会党はいったいどうなっているのでしょうか。

　もう一度図8を眺めましょう。これはもちろん20世紀になってからの図式です。societyも現代語です。さっきsocietyにぴったりのギリシア語はないといいました。しかし古典ギリシア語の愛好者である筆者はがんばってsocietyに相当するギリシア語を調べました。そしてhetaireiaというギリシア語を見つけました。そこで早速図9をつくりました。図では英訳を添えましたが，ここから見てこのギリシア語の原意が「同じかまのパンを食った関係。実の兄弟同然の関係。深い友情関係」ということがわかります。このような関係は

communityと違って，出発点から足踏みしたままで，いつまでたっても国家にまでは射程が届きません。

hetairosは同志ではありません。同士です。だからヘタイロスとヘタイロスは水平関係にあります。ギリシア人はおしゃべり好きです。道で会うと，ところかまわず長い立ち話をします。それも何人もが輪になってやります。しかしおしゃべりは屋根のある建物の下でもおこなわれます。しかもその場合は食事がおこなわれて酒宴に入ってから長ながとおこなわれます。有名なシュンポシオンというやつでして「共に飲む」という意味です。

もちろん「飲んでしゃべる会」には段々があります。ピンからキリまであります。最上等の方はプラトンの対話篇にもでてくる豪邸での談論です。そこではすばらしい哲学談義がおこなわれ，その記録がプラトンの手で哲学対話として残されています。しかしそんなものばかりに気をとられてぼんやりしていてはいけません。貧乏な庶民も粗末ではありますが呑んでしゃべりまくる場所をもっています。そして議論を交しています。しかし残念ながらこちらの方の記録は残っていません。とはいえ記録がないからといってなかったことにするというのは文献だけを頼りにする歴史学者の致命的な欠陥です。

とはいえ史料がないことは確かです。だから一計を案じましょう。

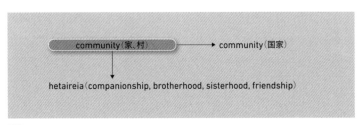

図9

イギリス18世紀の農村での話です。どの村にも領主の館があり，領主はいばり返っています。さらにどの村にも教会があります。村人は日曜日には教会へ行かねばなりません。牧師は長い説教をします。しかし村人は教会を出れば解放気分です。夕方にもなれば一杯やりたくなります。村にはあつらえ向きの呑み屋があります。いわゆるパブリック・ハウスです。ふつう田舎では土地の顔役が宿屋を経営し，旅人を泊めていますが，その一方で酒をも売りその酒を宿の一隅で来客に呑ますということもしていました。そこで村人はそこへ酒を呑みにやってきます。そして客が増えると当然話が盛りあがります。話の内容はいわゆるゴシップというやつです。まず牧師様の退屈なお説教の棚おろしをやります。次にはいばりくさっている領主様の家のごたごたや醜聞を話しあいます。農民も馬鹿にされるためだけに生きているのではありません。これと似た農民の心意気の話がバルザックの小説にも出てきます。ですから古代ギリシアにそんなものはなかったと断定することは歴史家といえども無理でしょう。

　家と村との人びとにえらく肩入れしているように見えたかも知れませんがあくまでも図9の枠の中での話であることを忘れないでください。しかしとにかく高尚な哲学談議であれ，雑談であれ，閑談であれ，世間話であれ，むだ話であれ，すべての庶民までが自由にしゃべれることは慶賀すべきことです。イギリスの農民たちが牧師や領主のことをとやかくいっても罰せられないことは，一言でも独裁政府の批判をやれば生命までもが脅かされるのとくらべればまずは有難いことと思いましょう。そしてこれがギリシアの尊んだ「言論の自由」ということの意味なのです。しかしながらはしゃぎ過ぎることは慎みましょう。図9のhetaireiaつまりsociality（社会性）というものに対する監視をゆるめてはなりません。だからここでsocial（社会的）というものの本性をえぐり出してみることにしましょう。図10をつくります。図はⅠとⅡからなります。sociableは「人間は社会的動物」といわれますように誰でも潜在的に社会性という素質をもちます。しかしこの潜在的なsociableは顕在化してsocialとなります。アリストテレスの公式に従いますと顕在化し，動態化した社会性は次にその目的地点へと向かいます。目的とはもちろん全国民の幸福のことです。そしてこれの達成がデモクラシーの完成にほかなりません。しかし図で示したように社会性は国家を忌避します。だから第Ⅰ段階でストップしてしまいます。

　Ⅱの説明に移ります。社会性の現実化まではⅠと同じです。しかしそこから先は二つに分裂します。一つはまっとうな進み方であり社会性は強化されます。しかし社会性の崩壊ということも実際におこりえます。社会性とはどうせ寄せ集めを意味しますから，寄せ集められたものが分散するのは自然です。しかしそういう崩壊はcommunityについては起こりません。例えば社交的なクラブのようなものは，長もちしません。クラブならそれでいいかもしれませんが，社会全体が崩壊しますと大混乱が起こります。そしてこれはanomy（アノミー。無秩序）といわれたりanarchy（アナーキー）といわれたりします。

　社会性というものの恐しさがだいぶわかってきました。ところで図9においてhetaireiaあるいは社会性というものがbrotherhoodやfriendshipという語でいいかえることができると述べました。ところがこのbrotherhoodはフランス語にすればfraternitéとなりますが，これは友愛と訳されています。

　ところでフランス大革命のスローガンは「自由・平等・友愛」でした。しかし今から考えるとなんと愚かなスローガンだったと思われます。革命の後にまず自由派と平等派が右と左に分かれてけんか

を始めます。このけんかはいまでも続いております。そして友愛というものは図9が教えるように共同体の思想からの脱落です。だからこんなものを振りかざしたところでアリストテレスの指し示した民主国家へ向かうはずがありません。だから自由・平等・友愛のそれぞれをいくら絶叫してみたところで民主国家などできるはずがありません。「自由・平等・友愛」の中にデモクラシーなど入りこむ余地はありません。そういうことが原因かどうかはわかりませんが，フランス革命後のフランス国家は右往左往して，フランスの近代史はなんだったのかと不思議に思えてなりません。筆者の勝手な憶測ですが，これは啓蒙時代から始まるフランスの哲学者，思想家がアリストテレスの哲学を無視したので罰が当ったのかもしれません。

　最後に社会性に関して筆者が経験した忘れられない感覚をもとにして話を進めたいと思います。それはある人たちが「俺たちは市民であって国民ではない」といい張っているのを耳にしたときに感じた違和感のことです。恐らく彼らはよほど国家に対して恨みを抱き，憎しみをもっていたのでしょう。だから自分が国民であることを恥として国家を拒否しているのです。しかしそれほどまでに国家を拒否する者は別として，「俺は国家よりも社会を重んじる人間だ」といっておけば，それが国家に対する貢献を免れるためのお守りとして使えるということも事実です。

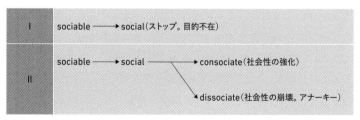

図10

前にcamaradeということばを出し，降参するときに「カマラード」と叫んだといいましたが，フランス語ではcamaradeのほかにもう少し古くからcitoyen（シトワイアン）という語も愛用されていたのです。

　まず市民社会という不思議なことばに当るフランス語を探しますとsociété civileがみつかります。英語ではcivil societyですが英訳では意味が薄れていますのでフランス語に集中します。するとcivileということばの出所はcitoyenだということがわかります。そしてこの一語はフランス大革命の直後に，「ムッシュー」，「マダム」，「マドモアゼル」の代りに盛んに使われたと記録されています。日本語でいうと「太郎さん，こんにちは」，「花子さん，こんにちは」，「山本さん，こんにちは」，「川本さん，こんにちは」といった工合です。これは身分制国家を消滅させ，平民だけになってしまったのだから当然の現象です。しかし革命が終って，互いに「シトワイアン」と呼びあうだけで，新しい国がつくれるものでしょうか。そんなことをしてもそこで生まれるのは，国ではなしに国家抜きのsocietyでしかないのです。さらに「シトワイアン」ということばには自分たちが倒した国家に対する憎悪の念が含まれています。これはもちろん反国家感情であり，結局二度と国家はごめん，社会だけでけっこうということになります。しかし社会だけで世の中がうまくいくのならそれに越したことはありませんが，そうはいきません。国家への歩みをストップさせ社会の段階で足踏みしていると世の中はまとまりがつかなくなり，不安定となります。そしてフランス大革命後のフランスの長い長い動揺はその結果だといえるでしょう。

　さきに「俺たちは市民ではあるが国民ではない」と主張する人びとのことに触れました。しかしその場合の市民つまり「シトワイアン」はフランス大革命時代の人びとの用法を踏襲しているだけの話です。つまりそのときのシトワイアンは確かに国家は御免だという気持が

込められています。しかしフランスの場合の国家は身分制の国家，国王独裁の国家なのであり，民主国家のことではないのです。

　古い国家をぶちこわしたフランス人も国家なしですむとは思っていなかったはずです。彼らは身分制国家とは全く異質の国家の存在を知っており，それに思いを馳せていたはずです。その証拠に，「自由・平等・友愛はRepublique française（フランス共和国）のモットーである」ということばが残されています。しかしRepubliqueということばのもとのラテン語であるRes publica（ピープルによるピープルのための政治）という意味は忘れ，思いつきの三つのことばを羅列したことで，その後の収拾のつかない長い混乱を招いたのです。

　フランス大革命直後のシトワイアンたちが自らの敵である身分制国家を憎んだのは理解できます。しかしこんな現象は一過性であってほしいのです。ところがそうはいきませんでした。国家の存在そのものに対する不信，国家そのものに対する反発という馬鹿げた現象，つまり国家アレルギーは長く残ります。しかしこういう困った状況をいち早くキャッチし，漁夫の利を占めた連中がいます。そしてそれが新しく登場した社会研究者たちです。確かに彼らの試みは大成功を収め社会学は巨大な勢力を保ち現代に至っています。しかし社会学はすでに学問の体裁を備えてしまいましたから今さら誰も文句をつけられません。社会学者は学会における領土の争奪戦に勝ったのです。こうなるとアリストテレス以来の国家学は顔色なしです。ギリシアの伝統では「人間はzoon politikon（国家をつくる動物）」とされています。しかしいつのまにかこのギリシア語が現代英語では「man is a social animal（社会をつくる動物）」と変っています。

　一つの学問分野が確立し，そこで精密な研究がおこなわれ，その分野内で後継者を育て彼らをしてこの分野に忠誠を誓わせるという現象は学問の世界でもみられることで普通の現象です。しかしこれ

ではいかんと考える人もいます。そういう人が現代にいるかどうか
は知りませんが，少なくとも哲学者ヘーゲルをその一人と挙げれば
よいでしょう。彼はその著『法哲学』で家族—市民社会—国家とい
う構想で叙述を進めました。そこで市民社会という妙なものが出て
きますが，ここで停止することなくためらわずに国家へと進みます。
ですから市民社会は中途半端のしろものであり，つなぎの働きをす
るものだと彼は確信していたのです。これはアリストテレスの路線
を踏襲したものであり，さすがはヘーゲルだと思います。ただしこ
の三段階はいいとして最後の国家はアリストテレスの考えた民主国
家とは別ものだということを見逃さないでください。

　社会学の悪口はこれでやめます。社会主義イデオロギーは社会学
とは全く別の話ですが社会主義国家という矛盾をかかえた国家の樹
立が果たして成功するものかどうか，それはこの目で確かめないと
わかりません。

　最後の最後に蛇足を一つ。コミュニズム（共産主義）の話です。こ
の語はコミュニティと似ています。そしてsocialismと関係がある
ように思われていますが，いっさい関係ありません。共産主義はつ
かみどころのないしろものですのでとりあえず筆者の体験を紹介し
ます。筆者は一生の間農村で，農村の一員として過ごしてきました。
戦後のある時期から農村にも耕耘機が姿を現しました。もちろん誰
もが欲しがりました。しかし高価です。だから二軒が金を出しあっ
て買い入れました。しかしたちまちどちらの家に格納するかの話が
もちあがります。次には農繁期にはどちらの家も使いたいのですか
らいさかいが生じます。しかし農繁期が済むと使った機械の掃除や
修理をしなければなりません。この作業はどちらも気が進みません。
しかし機械を泥だらけにしておきますと傷みます。そこで彼らはこ
のような結果を招いたのは一台の機械を共有したことからだと気が

つきます。そして共同の機械は手離して，それぞれの家が有金をはたいたり，場合によっては借金までして改めて一軒一台の購入を始めます。こういうありさまを目の前にして筆者は「共有は争いの種である」というラテン語の古い諺を思い出しました。賢明な古代ローマ人は現実を直視し，まず諺に仕立てあげ，さらには立派な民法にまで仕上げました。これが有名なローマ法です。ローマ法はヨーロッパの農奴制の時代に使えるはずもなくほったらかしになっていたのですが，フランス大革命の後に革命児ナポレオンが目をつけ，ローマ法を一部手なおしして「ナポレオン法典」として施行しました。ナポレオンを英雄だという人は多いのですが，彼の法典づくりの業績を忘れるわけにはいきません。ナポレオン民法はその後ヨーロッパで広く受け入れられ，日本の民法もこの法典をしっかり継受しました。この法典はもちろん私有制の擁護が大原則です。この原則は前大戦の敗戦以前から日本には根づいています。そしてもちろんGHQの占領後も認められました。アメリカは無条件降伏した日本に対してイギリスの征服王ウィリアムのように日本全土をアメリカの領土とすることもできたのですが，そんなことはしませんでした。そこで日本の新しい憲法も旧憲法第27条「所有権ヲ侵サルルコトナシ」から第29条「財産権は，これを侵してはならない」へとしっかり引き継ぐことができました。本当にラッキーなことでした。

　中国で毛沢東がおこなった共産主義革命については日本人はよく知りません。しかし革命の現場に居あわせた日本人妻の報告は知られています。共産軍は農民を味方につけて戦います。憎っくき大地主をやっつければ，彼らの全土地は小作の私有になるはずです。そこで百姓も共に戦い，勝利した百姓は地主を裁判にかけ，処刑します。日本人妻は日本人だというので，難を逃れ一人日本へ逃げて帰ります。地主がいなくなったから村の土地はすべて小作人のもので

す。農民は私有地を手に入れることができたのです。しかし喜ぶのは早かったのです。裁判をし処刑できたのもすべて共産軍のおかげでした。しかし共産軍はその名のとおり共産主義の信奉者です。だから百姓の土地私有など認めるはずがありません。土地は私有から共有となります。日本の村の共有林のように村の土地は農民すべての共有物だとすれば聞こえがよいかも知れません。しかし村の全共有地は共産党の支配下に入ります。共産党が私有化したわけではありませんが，共産党は絶大な武力をもつ独裁権力です。どんな横暴をやっても，百姓全員が束になって抵抗してもびくともしません。こんなことになってしまった中国農民の気持はどうだったのでしょうか。私有財産権を享受している現代の日本人にそれをわかれといっても無理です。しかし日本の歴史を幕藩時代にまで遡ってそのときの日本人も似たような悔しい思いをしていたのだろうということは想像できます。さらにかのヨーロッパの農民も，恥しいから口には出しませんが農奴として腹わたのにえくり返る気持を領主や地主たちに抱いていたはずです。しかし幸いなことに日本の農民もヨーロッパの農民もその後そうした不条理な社会をぶちこわし，曲りなりにも民主主義国家をつくりあげたのです。とはいえ農民たちのそうした屈辱と雪辱の長い長い歴史のことはどの歴史教科書にも書かれていません。ただし村むらの中ではその証拠が残されていますしその伝承を見つけ出すことは可能です。

　革命後のすさまじい中国の情況は今はどうなっているのでしょうか。共産党の一党独裁が消滅し，中国が民主主義国家のグループに近づいてきたとは到底思えません。むしろ対決姿勢は日に日に増し，危機感はつのる一方です。しかしなぜそんな困ったことになるのでしょうか。その理由が解明できないはずは絶対にありません。

余論▶その二

相互性(mutuality)と共同体(community)とは
似たことばですが
峻別しなければなりません

　例によって人類発展のスタート地点の原初態すなわち古態を，語根を頼りに解明していきます。まずアリストテレスも使ったギリシア語koinonですがこの語にはko-という語にしか意味がなく，ギリシア語のko-はラテン語のcum（ともに）やcon（ともに）と同様に$\sqrt{\text{kom}}$という語根をもちます。ところがこのkoinonはラテン語ではcommunitas（コミュニティ，共同体）と訳されます。すると$\sqrt{\text{kom}}$語根に$\sqrt{\text{mei}}$語根が加わります。だからこんどは$\sqrt{\text{mei}}$語根の語の検討に入ります。ところが$\sqrt{\text{mei}}$語根の単語は複雑ですので，そのうちの重要な二つに絞りこみ，図11（次頁）で示すとおりmunusとmutualityとにします。この二語は語根はともに$\sqrt{\text{mei}}$であるのに，義務という意味をもつ語と相互性という意味をもつ語に分かれます。しかしこの二つの意味は峻別されるべき違いをもっているのです。

　まずmunusというラテン語ですが，これはラテン語の辞書にも

あるように「義務」という意味をもちます。「義務」と来ればいやでも「権利」が顔を出し，権利と義務で義務論的体系の支配下にはいります。ところがアリストテレスのkoinonの方は義務・権利の概念を含みません。これはアリストテレスが存在論的哲学の信奉者だからです。だからmunus（義務）という語を含むcommunitasはアリストテレスの存在論を乗り越えたこと，あるいはアリストテレスの存在に追加を加えたことは確かです。ところで問題のmunusは現代語のcommunityの中には姿を隠して含まれていますがmunusの形を少し変化させただけの単独のことばはみつけられないのです。しかし強いていえば現代語のimmunityの中に隠れているのが見つけられるというぐらいです。ところでimmuneという語を英語の辞書で引いてみますと免税，免役となっています。つまりそれは「義務逃れ」という意味ですがim-が否定の意味をもちますから当然そうなります。現代語ではimmuneという語でしかmunusの語が残らなかったということは人間はなんと得手勝手な存在かと思われます。しかしよく考えて見ますと免税，免役を享受していたのは高貴な身分の連中だけであり，低い身分の人間は義務逃れなどはやりたくてもできなかったのであり，それが身分制の不当な構造というものなのです。

　身分社会が否定されますと，特権を謳歌する連中は姿を消します

図11

が，元首や議員，そして外交官は現在でもいろいろな特権を与えられています。しかし公にされている特権はまだ可愛い方でして，外交官特権でスパイや密売などがまかり通っているということはよく耳にする話です。

　脱線はそのくらいにして，munusという一語がアリストテレスのkoinonをcommunitasにまで押し上げたということは，なにがなんでも特筆しておきたい事実なのです。

　次にmutuality（相互性）に移ります。しかしなんとこの語はあっけらかんとした重みのないことばでしょう。この語はもとはれっきとしたラテン語ですが，近世の人間はこぞってこの語を重宝し使いまくったのです。この語は√mei 語根の語ですが，義務という意味は全く含まれていません。単に二人の人間が相互関係を結んでいるというだけの意味しかもちません。相互関係ですからけんかも入りますが，けんかなどしても得になりませんからこちらは無視されます。だから助けあいが主となります。ただし一方だけが助けられ続けると従属関係が生まれますから，助けたら助け返すというのが原則です。だからこういう関係を保っておけば水平関係だけは維持されますので上下関係よりも自由でけっこうです。

　しかしこの相互性は図11でも示したように明らかに権利義務共同体からのドロップ・アウトです。アリストテレスの路線からの逸脱です。こうしたエスケープは始めはおそるおそるこっそりとおこなわれていましたが，やがてこれは楽だとばかり大流行を始め，やがて開きなおり，これでやっと国家といううっとうしいしろものを無視できたと悦に入ります。

　こうした相互性の概念はmutualism（相互主義）というイデオロギーに成長します。例を挙げますとクロポトキンのmutual aid（相互扶助）の説があり，彼は当然のこととして無政府主義の立場に立ち

ます。

　プルードンは連合の原理を掲げ，連合主義，相互主義を唱えますがもちろん彼も無政府主義者（アナーキスト）です。

　アナーキズムというものが兵役や租税を課してくるうっとうしい国家を蹴飛ばしせいせいする気持を与えてくれるものとして，気楽な心持を喜ぶ人間には人気があるにはちがいありませんが，アナーキズムの出現の背後には牙を磨きすました独裁者が待ち受けていることを忘れてはいけません。義務逃れの状態は一時的には天国かもしれませんがこれは天国ではなくそこに落とし穴があり，そういう危い誘惑に引きこまれないように，国家に対する義務の履行，しかも一人だけがそうするのでなしに全員が協力し分担しながら遂行することが人類の古くからの知恵であり，アリストテレスの民主国家への路もそれを公式化したものだといってよいでしょう。

IO

mercantile^{（商業本位的）}の方が
mutual^{（相互的）}よりもっと反国家的です

　前の章ではmutualの考えがアリストテレス路線からのドロップ・アウトの始まりだと述べましたが，それよりもう一歩アリストテレス路線から離脱した考えを紹介いたします。そしてそれがmercantileの思想です。この語は「商業本位的」という意味ですが，この語の中にmerxという語があからさまに含まれている点で重要なことばなのです。merxはラテン語ですが，ここからmerchandise（商品，貨物）という英語がでてきますし，commerce（商業，通商，貿易）という語がでてきます。しかしmercantileはmerxという語を純粋な形で含んでいますので，基本語としてとりあげたいのです。だから話は当然merxというラテン語の分析から入ります。

　図12をみてください。merxは商品という意味ですが，この語は二つの概念を含んでいます。つまり購買と販売の二つです。しかもこの二つはどちらも自立に成功しています。買いの自立と売りの自

立です。これは日本語でも「売りなき買い」と「買いなき売り」といわれてきてその両者の自立性はよく意識されています。また単なる品物の交換つまりとりかえ（替え）ということばから，「かう（買う）」と「うる（売る）」ということばへ分化したことからも両者の分離のプロセスが推定できます。このように品物を買ってそのまま保存すれば，時を見はからって高く売ることもできますし，買った品物を遠隔地まで運びそこで高く売ることもできます。こうしてこの両者は時間と空間の乗り越えの可能性を意味します。こうした事態はまず狭い村，狭い地方，狭い小国の国境の突破を意味し，次いで国そのものの重要性を低下させ，国からの自由を実現させるまでに発達します。しかしこういう事態を可能にしたのも，物々交換でなく，貨幣を利用した交換によるものだったのです。

　だからここで改めて図13を用意しましたがこれは反国家的性格だけでなく超国家性までが大手を振って登場してきたことを示しています。超国家性はすでにギリシア末期にコスモポリタニズムという名称とともに顔を出しています。しかしこの名称はアテナイの民主制が倒れてからずっと後になってつくられた語でして，アテナイ市民以外の連中がkosmopolites（世界市民のメンバー）と自称しただけで，彼らがそれを自称するのは勝手ですが肝心のkosmopolis（世界都市）なるものがつくられたという歴史的事実は見つかりません。

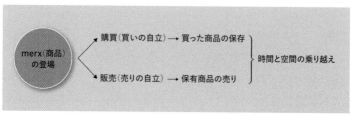

図12

だからそういう幻想都市の都市民だと自称してもこれまた幻想にすぎません。しかしこの幻想は人気だけは絶大であり，結局コスモポリタリズムというイデオロギーが確立されます。多くのギリシア哲学者のうち，国家を裏切らなかったソクラテス，貴族国家を高唱したプラトン，そして民主国家を最終目標としたアリストテレスを除けば，すべてがコスモポリタンだといえます。日本人もソクラテス，プラトン，アリストテレスはとにかく大物だから，その哲学に共感できようができまいがそれは二の次でとにかく一生懸命研究に励んだものです。しかし国家というもの，とりわけ民主国家なるものがなんたるかには理解がとどかなかったし，興味も持てなかった日本の多くの哲学者はエピクロスの哲学やストアの哲学や新プラトン主義の哲学には大いに共感し，これこそ人間が人生を生きるための哲学だと考えたはずです。

　哲学的イデオロギーはこれで切りあげ，図13にもどりましょう。ここでは貨幣第一主義が幅をきかし国家などはあってもなくてもどうということはないという思考空間が堂々と顔を見せています。もちろん貨幣の使用という点だけに絞れば，それはデモクラシー国家より遥か以前に普及しています。しかしいま問題にしているのは貨幣の順位が急激に上昇し国家の存在を無視できるまでに成長したという事実です。そしてこの事実は今でもそのまま維持されているの

貨幣の介入 → 国内の反国家性の強化
貨幣の介入 → 無国籍性。グローバリズムの発生
超国家性の出現

図13

です。

　年配で常識的立場に立つ論客が若手の企業家に対し，日本がこんなに無防備では国外からの軍事侵略を蒙った場合，君たちはどうするつもりかと問うていた場面に遭遇したことがあります。すると彼らは「俺の頭の中には国家というものがそもそも念頭にないのだからそんな質問をされても答えようがない。しかしあなたは国家というものをよほど大切に考えておられるようだから，私のことなどにかまわず，御自身が率先して戦われたらどうですか」というようなことをさすがに口には出さずに態度で示してその年配者を上手にあしらっていました。国家より貨幣の方に関心があるという人びとが大手を振ってのし歩いていても文句のいえない時代が疾っくにやってきているのです。

　しかしながらそうはいっても貨幣を敵に回すこともまた愚かな態度です。さらに相互主義までも否定するのはまちがいです。物々交換にせよ貨幣を通しての交換にせよ，そこにはその前提となる私有財産の保障という大原則が認められているからです。アリストテレスがもち出す共同体もその根底には私有財産の保全ということが横たわっているのです。私有をいっさい認めないコミュニズム（共産主義）がいかに馬鹿げたものであるかは前に述べたとおりです。

　アリストテレスのいう共同体はもちろん共産主義的団体を意味するものではありません。共同体はそのメンバーの私有財産の保持を前提にするものです。私有財産をもっていたからこそアテナイの国民は自費で武具を調達し，ペルシアの大軍と戦ったのです。ところで相互主義も，貨幣を使う商業主義あるいは経済主義も，私有財産を認める点ではアリストテレスの共同体主義と対立するものではありません。相互主義と経済主義は国家を二の次にし，国家を忘れてしまうという点では路線を異にすることになりましたが，経済主義

と国家尊重主義は必ずしも敵対関係には立っていません。その証拠を挙げますと日本国憲法は民主主義憲法に属しますが，私有権を認めていますし，旧憲法もそれを認めています。だからアリストテレスの考える民主国家が私有権を否定しているということは決してありません。ただ私有権の存在を明文化していなかっただけの話です。

　日本国憲法が私有権を保障している限り共産党による革命か武力侵攻でもない限り，アリストテレス路線が守られていることは確かです。独裁者のナポレオンでさえ，古代ローマの法典を継受しました。そしてナポレオンのつくったナポレオン法典は早くも明治憲法で受け継がれ，民法とその特例法である商法に結実しました。そしてこの点からも日本人はアリストテレスの共同体路線を正しく継承しさらには法典にまで仕上げたといえます。この点だけでも日本国民は満足すべきであり，国家など考えなくても社会や経済だけを勉強すればよろしいという教育を受けた若者については，やがて彼らがそうした洗脳教育から解放されるのを待つことにしましょう。

　とはいいながら国家無視の考えは困りものです。プーチンの支配するロシアがウクライナに侵略戦争をしかけた事件も国家無視の若者は興味をもちません。国家そのものに興味をもたないように教育されているのですから，自国のことはもちろん他国のことにも興味のもちようがありません。他の二国が戦っていても国家そのものに関心がないのですから，どっちが独裁者側でどちらが民主主義側だなどとはわかるはずがありません。どっちもどっちだといった態度で眺め単にスポーツをやっているぐらいにしか思えないのかもしれません。しかしよその国の戦争はどこ吹く風でいいかも知れませんが，彼らは自国が侵略されたらということに関しては考えが及ばないのか考えるのを避けているのか，それともそんなことを考える能力自体を失っているのでしょうか。

さてmutualismによって代表される国家忘却，国家無視の考え方はその対象としている国家が無法国家，暴力国家ならそれなりの機能をもちます。抵抗原理としての意味をもちます。しかし対象とする国家が民主主義国家なら，そうした国家に楯ついて快感を覚えるなどということは愚の骨頂です。しかしこういう情ないことにならないためにもアリストテレスの路線に従ってすべての人間が幸せを得られる国家をつくり，この国家のためならつらい義務をも厭わないし，兵役も納税も拒否しない，しかしそのかわり，それに見合った権利も得られるようにすればすむことなのです。こんなまともなコースをアリストテレスが示しているのだとすればためらうことなくそれに従えばいいのであって，ずるい逃げ道などを探すことなどまさに横道以外のなにものでもないのです。

　いま使った横道ということばは前から述べて来ましたように，アリストテレス路線からのドロップ・アウトの道です。そしてこの構造はそれなりにgoing my wayの態勢で突っ走っていきました。しかしながらこうした横道をめぐってはなおもう一つの哲学的ドラマが展開されていますのでそれを紹介いたします。

　さてそのドラマとは図14で示された迂回方式をとるものであり，それは三角形で図式化されています。ですからそうした三角形方式の図を図15として掲げることにしました。

　図14の上段のヘーゲルの哲学から説明します。ヘーゲルは彼独特の弁証法という名の思考枠をいたるところで利用していますが，それは図15の左に示しておきました。

　図14のヘーゲル哲学は彼の弁証法を国家論に使ったケースです。ヘーゲルはドイツの哲学者としては珍しくアリストテレスをよく利用しています。実際，図14ではアリストテレスのいう共同体社会から出発して最後には国家に至りつくというコースを受け入れてい

ます。しかしヘーゲルはやはり19世紀の哲学者です。しかも神学校を卒業しながら神学は捨て，ナポレオンのドイツ侵攻を目のあたりにし政治にめざめます。そして彼の政治論は図14に結集されます。彼は時代の流れをはっきり見据え，アリストテレスにはなかった市民社会というものをしっかりと分析します。しかし彼は市民社会，いかえればブルジョア社会を手放しで礼讃することはしませんでした。彼はアリストテレスに従って市民社会の先にもっと大切な国家というものが存在することを確信しています。しかしブルジョア社会つまり貨幣世界はアリストテレス路線からの逸脱であることは確かです。そこでヘーゲルは市民社会なるものを国家へのコースの中間者，あるいは媒介者としてことを収めようとしました。しかし市民社会は単なるつなぎとしては手強すぎます。

　市民社会は本来のコースからみれば放蕩息子です。しかしやはり

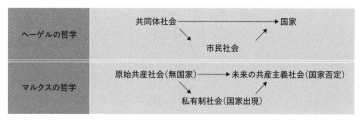

図14

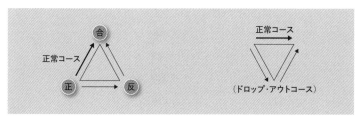

図15

息子は可愛いものです。放蕩息子でも実力があるのだから帰参を許して力になってくれれば大成功です。そしてヘーゲルはそうした作戦をとって成功を収めたのですが，彼は根っからの哲学者ですからもっと哲学的な手法を使いました。図15の正・反・合もその手練手管の一つです。太い線で示されたコースをためらうことなく進むのでなしに，いったんは違ったコースの存在を認めます。しかも認めるだけでなくそのコースに飛び移ります。しかしその後そのコースの進路変更をおこないます。そして正常コースに復帰します。こうして歴史は再び正常なコースの上で進歩を遂げるのです。図15の左側の三角形は図14の上の三角形を反時計回りに60°回転させていますが歴史の進歩の上に乗っかっているという意味を強調したいのなら，沈降三角形より上昇三角形の方が縁起が良いのは当然のことでしょう。

　ヘーゲルの三角形は確かに無駄なコースを拾いあげるという構造をもっています。しかし無駄なコースは訂正できるものだということをも示しています。ヘーゲル自身はそれを喪失と回復ということばで表現していますが，もっと正直にまわり道，つまり迂路だといっています。道草というわけです。しかし哲学者ヘーゲルの本領は疎外ということばを利用したことで発揮されます。疎外とは自分の意志で他者から離れ，疎遠となることです。これはドロップ・アウトを果敢に試みた連中に当てはまります。ドロップ・アウトの連中は村八分として追い出されたのではなく，自分の意志で古い道からはずれようとしたのです。こんなことをすれば淋しくなり，爪はじきされるということは覚悟の上での行動です。この点では自分一人が人びとから疎外されているという被害者に使われる疎外ということばとは全く異なります。自分たちは確信犯としてドロップ・アウトしたのだからそのままの路線で突っ走るという生き方もありえま

すが，ヘーゲルは市民社会がいったんは道を踏みはずしたがやはりもとの道へと復帰するのが正しいと気がついたにちがいありません。ヘーゲルは迂回という方策をとりましたが正常に帰ったのだからめでたしめでたしといっていいはずですが，復帰を遂げた国家なるものはアリストテレスのいう民主国家ではなく帝制国家だったのです。そしてこれは開いた口がふさがらないほどの珍事としかいいようがないのです。

　次は図14の下段であるマルクスの哲学に移ります。マルクスはヘーゲルを研究しましたが彼を批判し，彼を最大の論敵にしてしまいました。しかし哲学的な思考回路はヘーゲルとそっくりです。

　マルクスは歴史のスタート・ラインを原始共産社会に置きます。こんな社会は探せば見つかるでしょうが，地球上至るところに存在したとは思えません。マルクスは共産社会よりも無国家状態の存在の方を主張したかったのでしょう。そして実際，マルクスには国家憎悪の情念が強烈だったはずです。しかしパラダイスであった共産制社会は私有制社会にとって代わられます。さらにこの私有制を国家が支えるようになります。最悪の事態の出現です。しかしここで絶望してはなりません。全力をしぼってこの地獄の情況を変えねばなりません。とはいえ全民衆がこうした連中に賛同するとは思えません。しかしマルクスは自分が先頭になって事を起こしたのではなく，プロレタリアというものを見つけだし，彼らに革命を起こさせようとしたのですがうまくいきません。そこでプロレタリアの前衛隊として共産党をつくりだしこの方法で事を進めようとします。しかし平和な手段では革命などいくらがんばっても成功できないと覚り，武力を使うことを思いつきます。もちろんマルクス自身がこういうプログラムを実行したのではありません。マルクスのそうした考えに心酔した集団が実行に移しみごとに成功します。しかしこの

成功の決定的要因が暴力であったことは確かです。

　こうして図14のマルクスの哲学は現実化します。ヘーゲルの哲学が実現化したのと同じです。やがてはマルクスの頭の中でえがかれた未来の共産主義が実現され，憎っくき国家も完全に消滅してしまうはずです。確かに世界の多くの場所で共産主義革命は成功しました。しかし今のところマルクスの目論見どおりに実現した例は一つも見つかりません。それどころかその遥か手前の段階で目を覆いたくなるような地獄絵図がくり広げられ始めたのです。

　以上のような事実を勘定に入れてもういっぺん図14のマルクス哲学の構造を眺めてみましょう。マルクスは私有と国家の存在を憎んだあまり，幻想的な原始共産社会をでっちあげ，さらにその先の未来にもっとりっぱな共産主義社会が待ち受けていると夢想したうえで，前者から後者への移行は必然と考えます。ところがその途中で邪魔者が入りこみます。しかしそんな悪者は退治しなければならないし退治は絶対可能である。以上のような考えの流れがマルクスの哲学の全体像です。しかし彼の哲学の心酔者は別として，冷静で常識的な民衆の目からみれば，そんな哲学は馬鹿馬鹿しいとしかいいようのないしろものです。

　アリストテレスの哲学は，家，村，国家という三種の共同体が緊密な連繋を保ち，最後は民主主義的な国家の完成を目ざすという至極常識的で大衆的な考え方です。これに較べてヘーゲルとマルクスの哲学はなんと変てこりんなしろものでしょう。ヘーゲルは国家の重要性は忘れませんでしたがその国家は帝制国家でした。マルクスに至っては始めから国家憎しで話を進め国家の存在した時代を武力革命で終らせようとしたのです。

II

デモクラシーに至る健全な哲学は
アリストテレスの哲学の中に
潜んでいます

　前章では二人の奇妙な哲学者を紹介しましたが，もう少し常識的でまともな哲学者がいないか探してみましょう。しかしそれがなかなか見つかりません。哲学史の教科書をいろいろ調べても見つからないでしょう。しかし筆者は見つけ出しました。そしてそれがアリストテレスだったのです。アリストテレス全集が刊行されております。膨大な量のものですが，その最初の小篇の中に彼の本領が隠されていたのです。そしてそれがギリシア語で『カテゴリアイ（カテゴリー論）』といい日本では範疇論と訳されている書物です。ところで範疇とは分類つまり「品分け」のことです。分類には二分類，三分類などいろいろありますが，アリストテレスは十分類を採用します。現代の図書分類はもっと多いのですが，アリストテレスは10個でストップしました。そこでその10個を列挙しますと次のとおりとなります。①存在（ousia）＝実体（substantia），②量，③質，④対人

関係，⑤居場所，⑥時刻，⑦姿勢，⑧服装，⑨能動，⑩受動。

　アリストテレスは以上10個のうち，①の実体については手強い相手だと見てとって別扱いをしております。しかし②から⑩まではきわめて具体的な例を挙げています。例えば量については背丈がこれこれ，質については「黒人でなく白人である」，場所についてはアゴラ（ポリスの広場），時刻については昨日，姿勢については「寝ころんでいる」とか「座っている」，服装については「武装している」，能動については「患部をメスで切りとる，焼き鏝で焼いてしまう」等々です。

　10個の範疇は述語といってもよいものですが，述語だとすれば主語が必要です。そこで主語に当るものは誰だということになります。そしてその答えはなんと一介の市井の凡人だったのです。古代ギリシアではそういう類いの人間をコルシコスと呼びました。日本では農村にいる田吾作，町中にいる熊さん八さんといったところです。しかしこともあろうに哲学論文にどうしてそんな人間をもちだしたのでしょうか。その答えは実体にあります。実体とは存在のことですが，この実体あるいは存在なるものはそれまで有難いものであることは確かだが正体不明のしろものであるとされていました。プラトンは真の実体，真の存在はイデアだと断言しました。アリストテレスもプラトンの門下生ですからその意見にはいちおう従ってはいました。しかしアリストテレスはやがてその本性をあらわします。そしてそれはプラトンからの離叛を意味します。

　一連の騒動の震源地は存在つまり実体です。プラトンは真の実体はイデアだと教えます。そして自分はイデアを見たといいます。しかし弟子であるアリストテレスには正直いってそんなものは見えません。プラトンの弟子にもイデアが見えないものがいっぱいいたでしょう。プラトンにコルシコスという名の弟子がいました。そして

彼にもイデアは見えません。だから馬鹿にされていたにちがいありません。彼と同様にイデアが見えなかったアリストテレスは自分もコルシコスと同じレベルの人間かもしれないと気づきました。しかし俺こそはイデアが見えない人間だと名乗るわけにはいかず，コルシコスおよび彼と同じくイデアの見えない市井の凡人とはどういう人間か，そしてむしろそういう大衆こそが自分同様ほんとの人間ではないかと思い至ったのでしょう。そうときまればアリストテレスは直ちにポリスの広場でたむろしている人間の観察に入ります。そしてその観察を描写するに当ってぜひ必要な10項目をとりあえず見つけ出したのであり，それが10個のカテゴリーだったのです。

　人間の性格にはいろいろあります。アリストテレスの弟子のテオプラストスは『人さまざま』という著書をあらわしその研究をまとめました。しかしアリストテレスの態度はそんなものではありません。とにかく町中にいるありふれた一人の人間に目を注ぎ，それを仔細に観察することを始めたのです。

　ところでアリストテレスは哲学者です。文学者ならそれでいいのかも知れませんが，哲学者はそうはいきません。そこでプラトンの学園内でもめている存在についての議論，つまり真実在とはなにかという論争の渦中に飛びこみます。そして彼は存在あるいは実体には二種類あることに気づきますが，それを第一実体と第二実体，つまり第一級の存在と第二級の存在と名づけます。そして第一実体はそこらにうようよしている個体であり，第二実体はイデアのような雲の上の存在だと断定しました。これは目の前に存在する個体の方が，雲の上にある存在よりも大切だという宣言です。

　アリストテレスはこのようにして存在をめぐるプラトン学園での議論を一刀両断に解決しました。そしてそれはもちろんプラトンの考えに背く行動だったのです。

哲学者アリストテレスは自分のもっとも大切にする個体を「tode ti（任意の個体）」という哲学用語を新しくつくりだして表現しました。この語はラテン語ではhoc aliquidと訳されます。しかしこれを近代ヨーロッパ語に訳すことは困難です。ところが有名なイギリスの希英辞典リデル・ストットでは「a this」となっていることを発見しました。thisは「個体」ですがaは「任意の」です。ギリシア語とは語順が逆になっていますがそれは仕方がありません。しかしこの「a this」という二語の意味が普通のイギリス人にとって理解できる語なのかは定かではありません。

　アリストテレスはtode tiという異様なテクニカル・タームをつくりだしましたがそれでも満足せず，話をhode tis（a this man）にまで絞りこみます。tode tiの方は中性代名詞であり漠然としていますから，人間に使われる男性代名詞にまで狭めたかったのでしょう。そしてそれが『カテゴリー論』における10個の述語の主語となったのです。

　ところでこのhode tisつまりa this manのhode（this man）は指示代名詞であり，tis（a）は不定代名詞です。そしてアリストテレスはこうした二種の代名詞を無理やりくっつけることによって，カテゴリー論にでてくる人物は一個人ではあるが，単なる一個人ではなく任意の一個人，つまり誰でもよいそこら中に見かけられる一個人という意味を与えたかったのです。

　すぐに気がつくことですがカテゴリー論で使われた例は，プラトンの学園で研鑽を重ねている人物の描写ではなく，日常見かける下司だとされる人間の描写です。しかしアリストテレスはこういう人間こそが絶対的多数派であり，実際にポリスを構成している人間だということを明確に表明したかったのです。アリストテレスが発したこのシグナルはほとんどの哲学者には届いていません。それとい

うのも，アリストテレスは存在の問題を完全には解決しておらず，プラトンの弟子時代以来の存在の問題にまだおつきあいとしてかかわっていたからです。だから哲学史上では彼には存在論者だというレッテルが張られています。しかし存在といっても彼の存在論には個体的存在に錨（いかり）を下した存在であるという主張が潜んでいることを見逃してはなりません。

　以上述べたことからわかりますように『カテゴリー論』の真意は一読しただけでは読みとれるものではありません。しかし深読みすればそこにすばらしい哲学が潜んでいることに気づくはずです。アリストテレスは表舞台では存在論の仕事をも続けてはいますが他方では本音の哲学をも進めていったのでして，カテゴリー論の大衆凡人主義は『ポリティカ（国家論）』の中でそうした大衆こそがデモクラシー国家をつくりだす道を進めていることを明らかにしていったのです。

　アリストテレスの存在論についてなお述べたいことがあります。彼は存在論のごたごたした論争を一方においては前述のように「個体第一主義」でけりをつけたのですが他方でもう一つの賢明な戦略を行使しました。つまり問題となっている「存在」の中から論理学的なアイデアを抜き出したのです。「存在はどこまでも存在であり，無ではない」とがなりたてる論者からは，$A＝A$あるいは$p＝p$という論理式を，そして$A ≠ \overline{A}$あるいは$p ≠ \overline{p}$という論理式をひき出します。さらに$A \vee \overline{A}$，$p \vee \overline{p}$をも見つけます。そして個体というものが見つかったものだからそれを$f(a)$という論理式に仕立て上げます。するとそこから$(\exists x)f(x) － f(a) － (x)f(x)$という三つ組が見つかります。イデア論者がイデアというわけのわからないものを論じているのを尻目にイデアをspecies（種）という論理概念に置きかえ，species（種）とともにgenus（類）というものをもつくりだします。そ

してアリストテレスは種と類を組み合わせた三段論法をあっという
まに生みだします。こうなるとイデアなどというものをめぐっての
騒ぎは馬鹿らしくなってしまいます。このようにアリストテレスが
論理学という便利なものをつくってくれると庶民も安心してそれを
使いだします。雲の上のイデア論や存在論などは庶民の生活にとっ
ては何の足しにもなりませんが論理学となれば話は違います。論理
学は庶民が生活していくうえでの立派な道具となります。このよう
にしてアリストテレスは形而上学とも呼ばれる存在論から論理学を
抜きとり道具としてしまいました。カテゴリー論に限っていいます
と，ここから個体の論理学というものを引きだすことができます。
論理学を内容とするアリストテレスのいくつかの著作のグループは
『オルガノン』と呼ばれています。これは道具という意味です。ア
リストテレスは存在論の仕事につきあいながらそこからちゃっかり
と論理学を盗みだし，庶民の日常生活の道具としてしまったのです。

　アリストテレスのこうした狡猾な手法は近世哲学でもくり返され
ます。立役者はデカルトです。彼はres extensa（延長体）とres cogi-
tans（思考体）という二分法をおこなっています。そのうえで延長体
の研究は解析幾何学者の仕事だとします。これはx軸という延長体
とy軸という延長体を組み合わせて座標空間をつくり，そこでいろ
いろの方程式を生産します。しかしこんどの生産物はアリストテレ
スと違って数学です。しかし道具としては論理学より数学の方が強
力です。それ以後人びとは数学と数理科学のコースを走り続けます。
論理学はとり残されます。そしてこうした解析幾何学の出現が世界
をデカルト以前とデカルト以後に二分するのです。

　ところでデカルトのres cogitansの方ですが解析幾何学の出現で
哲学者たちの肩身が狭くなったと思いきやさに非ずです。デカルト
が「cogito（I think）」という一語を残しておいたおかげで，職業的哲

学者の働き口が授かりました。そして哲学者たちは失業せずに現代まで食いつなげてきました。しかし庶民にとっては哲学など腹の足しになりません。彼らは道具と化した数学を便利な道具として使いまくるようになります。庶民の勝ちです。

　デカルトからアリストテレスへもどります。今デカルト哲学のcogitoの話をしました。cogitoの主語はego（我）です。そしてこのegoにしがみついて近世の哲学者たちは仕事をしてきました。しかしアリストテレスの哲学の著作のどこを探してもegoはみつかりません。人間は「我」としてではなく，コルシコスといった平凡人として客観的に押さえられているからです。egoということばを初めて正面に出したのはアウグスティヌスです。彼の著『告白録』は我の告白の記述ですから我がでるのは当り前です。ただしアウグスティヌスの我はキリスト教徒の我というごく特殊な我です。他方デカルトの我は哲学者の我ですが，この我も，アリストテレスの哲学の基礎をなす，一介の市井の凡人とは全くちがいます。

　アウグスティヌスの「我」，デカルトの「我」と違ってアリストテレスの哲学の主人公は市井の凡人です。ぼんくらのコルシコスです。しかしこういう連中から出発する哲学こそ，並の常識的な哲学というべきであり，もっとも尊重すべき哲学であるはずです。

　話はまた脇道に入りますが，『カテゴリアイ』という題名の由来のことです。kategoriaというギリシア語はどの教科書を見ても「告訴，告発」という意味だとされています。しかしそんなことをいわれても告発ということばとカテゴリー論の内容とは合致しません。そういうことになったのもギリシア語の読解不足から来た誤りが災いしているのです。kategoriaの前半分の「kata」には二つの違った意味があります。「〜を相手にする，〜に敵対する」という意味と「〜を列挙する」という意味の二つです。前者のkataはcatapalt（投石器）の

kataであり後者のkataはcatalogue（目録）のkataです。だからkate-
goriaにも当然，告訴するという意味と羅列するという意味の二つ
があります。ですから『カテゴリー論』のカテゴリーは前者の方で
なしに後者の方であることは明らかです。

　以上のところまで話が進めば，アリストテレスがなぜkategoria
ということばを使ったかの理由がわかってきます。アリストテレス
はとにかく個人個人の精密な描写がしたかったのですが，その前段
階として観察のために欠かしてはならない調査項目を選びだしそれ
を列挙しておく必要を感じたのです。そしてこの行為をkatalogein
（項目列挙）と名づけたといっていいでしょう。そしてアリストテレ
スは慎重に考え抜いたうえでまずは10項目でよいだろうと決心し，
この項目に従って，項目ごとに記述をおこなったのであり，この行
為がkategoriaだったのです。

　アリストテレスは10個の項目を列挙しましたが，そのうちどれ
をいちばん大事にしたのでしょうか。存在でしょうか。しかし存在
は存在論的哲学者として小道具に使っただけでして，本当の狙いを
定めたのは9番目の能動だったのです。能動のカテゴリーの例とし
てアリストテレスは外科手術の例を出しました。これはアリストテ
レスのお里を丸出しにしたものです。というのも彼は医者の家系に
育ったからです。ところで現代の英語にsurgeonという語がありま
す。外科医のことです。ドイツ語ではChirurgといいます。どちら
もギリシア語のcheirourgosから来た語です。このギリシア語は
cheir（手）とergastes（働き手）からなることばです。つまり手術医と
いう意味です。このことからアリストテレスの家業である外科医も
働き手つまり労働者の一人だといえます。そしてその意味では
georgos（農夫）と同格です。

　現代的な感覚からいいますと医者と患者は上下関係のように思え

ます。しかしアリストテレスのカテゴリーではそうではありません。そこでは9番目の能動と10番目の受動の二つは同列に置かれています。能動と受動はラテン語ではfacere（能動）とpati（受動）と訳されます。patiという動詞からpatient（患者）という語が生まれます。しかしこうなると外科の手術者が上位に立ちます。こうして医者と患者は上下関係に入ります。しかしアリストテレスのカテゴリー論はそんなことを許しません。そこでの主人公は一介の市井人です。しかし簡単な手当てぐらいなら素人でもできます。そして一人が手当てをやれば，必要なときが来たならやってもらった方も手当てをして返すことができます。このように医者不在の世界，そして手当も助けあいでやるという世界が凡人世界の原風景なのです。そしてアリストテレスはこうした最底辺の事態から彼の哲学を発進させたのです。

　アリストテレスの家業であるcheirourgosにも，農夫のgeorgosにも平等にergon（労働，仕事）という語が含まれていることに注目しましょう。仕事の重要さはヘロドトスが教えてくれたとおりです。そしてアリストテレスはこの教えをしっかり受け継ぎ，家業は医者ながら農民，手工業者といった平凡人たちと同じ地位に立つことができました。アリストテレスに農業や手工業に関する言及がないのも，彼がそれを無視したのではなく彼らと触れあう機会がなかったからです。しかし彼は彼の住むアテナイの町内でうろつく凡人たちの姿はしっかりと観察し，彼らの生きている空間から彼独特の哲学を始めたのです。

　ergonという語がアリストテレスの哲学のdynamis—energeia—entelecheiaの三つ組のどまん中に隠れていることは前にも述べたとおりです。アリストテレスは自然学つまり今日物理学と称される分野にも興味をもっていました。しかしそこからenergyという

科学概念を抽出する力はありませんでした。しかし彼はenergeia
という概念を使って，市井の凡人たちはデモクラシー国家にまでた
どりつくべしという方向づけには成功したのです。そしてその萌芽
はすでにカテゴリー論の中に秘められていたのであり，それが9番
目のカテゴリーである能動つまり労働だったのです。

　ヨーロッパのことばかり話していますので日本のことも少し話し
ましょう。ヘシオドスとアリストテレスの大切にしたergon（労働）
はもちろん百姓たちのしごと（労働）に当ります。そしてヘシオドス
とアリストテレスの出発点となった普通人の日常は日本語の「け」
に当ります。ですからまず「け」の大切さを特筆したいと思います。
　「け」はやまとことばですが漢字の褻が当てられます。この字は
衣という字を含んでいることからもわかるように①肌着，普段着と
いう意味がありますがそれに加えて②よごれる，きたないという意
味があります。さらにこの字は猥褻というふうにも使われます。残
念です。だからそんなものにはかかわらずに，やまとことばの「け」
の方を調べましょう。けは「来経」つまり「来たり経てきたもの」か
ら生まれたという説があります。しかしもっと素直に「ケ（日）」から
きたと考えましょう。すると常日頃，日常性という意味にぴったり
です。しかしこの好ましい「け」もいろいろの苦難を舐めねばなり
ませんでした。そこで「け」の運命を図16にいたしました。

第一期		第二期	第三期
		け離れの世界の人間	け離れの世界の人間
		↑	⤵
けの世界の人間 ⇄ け離れの世界の人間		けの世界の人間	けの世界の人間

図16

110

まず三つの時期のおおまかな説明をします。出発点はもちろんけ
の世界の人間です。この世界の人間はときどき「け離れ」をやります。
しかし一定の時期を過ぎるとまたけにもどります。これが第一期で
す。第二期ではけの世界の人間のうちのあるものがけ離れをします
が，彼らは二度ともどってきません。そしてけ離れという新しい世
界をつくってお高く止まり続けます。けしからん連中です。第三期
では雲の上で威張っている人間がこともあろうにけの世界の人間か
ら収奪行為をおこないます。これは他人の畑の麦を勝手に刈りとる
に等しい行為です。だから彼らは許せない存在です。

　第一期から詳しい説明をします。これは民俗学の話です。けは日
常の労働の世界です。農民が大部分を占めますが，手工業者も同列
に並びます。彼らは一年の大部分を日常的な仕事にはげみますがと
きどき中断されることがあります。そこでその中断のされ方を図
17に示します。

　けの日常生活の中断を家単位のものと集団単位のものに二分しま
す。次に前者の中断を二分します。ⓐは年中行事によるものでして，
これは日時が初めからきまっています。少なくとも盆も正月もおこ
なわない家は稀でしょう。この日のお祝いは家族ごとでおこなわれ
ますが準備と骨休めも含めて数日にわたるでしょう。ⓑはいわゆる
冠婚葬祭です。ⓐが全国一斉におこなわれるのと異なり，こちらは

家ごとでの中断	集団的行事での中断
ⓐ 年中行事（盆、正月、三月節句、五月節句）	ⓐ 村の祭
┣━ⓑ━┫ 冠婚（吉事）　葬祭（凶事）	ⓑ 村を超える祭祀圏の祭

図17

家によって日時は別べつです。ⓑは冠婚と葬祭に分かれます。つまり吉事と凶事に分かれます。吉事は七夜，七五三，元服祝い，婚礼などです。凶事とはもちろん死去のことです。葬式は一家の出来事ですが土葬の場合は人手が必要ですので，近隣の人びとに助けてもらいます。しかしこれはきちんと記帳されていて，助けてくれた人の家に凶事があれば助けて返します。いま葬祭ということばを使いましたが，ここでの祭は神社での祭のことではありません。中国では死者に対して葬儀をおこないますが，死後も何年にもわたって死者の霊をお祀りする儀式が催されるのです。しかしこれは儒教国での話でして日本のような仏教国では違った方式をとります。つまり葬式の後も死者供養の仏事つまり年忌というものが延えんとおこなわれます。

　次にお祭ですがこれは村祭の場合は村の鎮守の神様のめでたい御祭日です。これは村人総出でもりあがります。もちろんこの日は農作業はおこなわれません。おおっぴらに息抜きができる日です。しかも全員出動ですから村の連帯が固められます。

　次に広域祭祀圏の祭ですが，参加の氏子の数が多くなりますから盛大なものになります。立派な御輿がいくつも広い地域にわたってかつぎまわられます。もちろんかつぎ手は百姓が主力です。筆者も農村の一員ですから御輿かつぎをやりました。京都を例に上げますとこうしたにぎやかな祭は松尾社と伏見社の二つが有名です。ところが京都にはこの二社の他に下上二つの賀茂社があります。しかし賀茂社では御輿かつぎの出る祭などは絶対にやりません。おこなわれるのは葵祭のしずしずとおこなわれる行列です。そこには御輿をかつぐ裸の百姓など見られません。その理由は明らかです。賀茂社もその領地内に農民を従えています。しかし彼らは賀茂の祭には関係がありません。なぜなら賀茂社は賀茂という氏族だけが祀る社で

あり氏人でない百姓の祀る社とは別の存在です。松尾社と稲荷社では百姓たちが氏子として御輿を担いでいるのであってそれは至って平民的な神社です。しかし賀茂社には氏人はいても氏子はいません。筆者はこのことに気がついて賀茂領の百姓はどんなお祭をしているのか調べてみたことがあります。すると領内の各部落はそれぞれ自分たちの「ほこら」を山中のあちこちにつくりそれを祀っていることがわかりました。見上げた根性です。こうした部落の農民は一定の日を決めて，合同できちんとしたお祭を挙行します。そしてこのお祭の日に村の若者の成人式もおこないます。葵祭の行列に見とれるのも結構ですがそれとは別に同じ地域で農民たちが自分たちの神を祀り，独自のお祭までおこなっていることにこそ応援の声を送りたいと思います。

　以上で図17の説明を終りますが二種類の中断とも農作業の中断でして，中断の期間を長びかせるわけにはいきません。いくら祭が楽しいからといって年中お祭をやっているわけにはいきません。できるだけ早くけの状態にもどさないとだめです。「け」つまり日常生活というものは農作業にせよ，村の鍛冶屋の仕事にせよ，水車と同じで休みなく続けられるのが正常の状態です。しかし連続性はやむをえない事情で中断されることもあります。けれどもなるべく早くけという状態にもどす必要があります。しかしながら困ったことにこれには例外があります。そしてそれは仏教の法事のことです。日本人は難儀なことに徳川幕府の命により誰もが仏教徒になることを強いられます。すべての日本人に檀那寺が割り当てられ，その寺の檀徒にならされます。しかし各人の信仰とは無関係にそういう制度が強制されたときの人びとの気持はどうだったのでしょうか。大部分の人間は空ぞらしいという気持しかもてなかったことでしょう。しかしそんな気持を顔に現せばえらいことになります。新しくやっ

てきた和尚にあいつはキリシタンだとお上に告げ口されればえらい
ことになります。一つまちがえばはりつけになります。生きている
ときでもおそるおそるの生活ですが，死を迎えると僧侶を呼ばねば
なりません。檀那寺の僧は幕藩行政の末端の仕事もしています。で
すからいわば検死人でもあります。そこで僧侶は死者の死相を眺め
ます。もし死者の顔にキリシタンの相があるといい出されたらえら
いことになります。葬儀どころの騒ぎではありません。遺族全員に
キリシタンの疑いがかかります。だから檀徒はそんなことにならな
いようにせっせと僧侶につけとどけをしなければなりませんでした。
檀徒は仏教に対して白けてなどいられなかったのです。なんとも情
ないことです。

　なんとか危機をくぐり抜け，葬儀がおこなえることになっても寺
僧に対するお布施はたいへんです。しかもそれは一回の葬儀で終る
のではなくそれ以後数多くの法事がまちかまえています。法事はも
のいりの点でもたいへんです。しかも農作業の進行にも差しつかえ
が出てきます。僧侶によっては死者の亡くなった月日のうち日の方
に合わせて法要のために毎月家までやってくるのです。しかしそれ
を迎える家はたいへんです。お布施のこともありますが田植えどき
の忙しいときでも農事を放ったらかして僧を迎えねばなりません。
農民ならば誰しも田植えの真最中に袈裟をひらひらさせながらいく
つもの家の月参りの法事に道を急いでいるのを苦々しく眺めている
はずです。猫の手も借りたい繁忙期にもかかわらずなんたることで
しょう。

　ところで日本中に田植地蔵の話が残されています。百姓が明日は
田植えだというので田に水を張り，苗束を準備しておきました。し
かし翌朝出かけてみるとなんとその田にはすでに苗が植え終えられ
ていたのです。なんと不思議なことだと騒いでいたら，ある百姓が，

地蔵堂に祀ってあるお地蔵さまが全身泥だらけになっておられるのを見つけました。そして苗を植えてくれたのはお地蔵だったとわかって喜びあいました。ものいわぬ石の地蔵さまが僧侶たちの生きざまを見兼ねてそういうことをなさったにちがいありません。

　死者に対する葬儀の後のつとめがいかに過大であるかを述べてみましょう。葬儀の後には7日ごとに僧が檀家の宅にやってきてお経を唱えます。これを七回続けますので七七の忌といいます。7×7＝49ですから49日目で終りとなり，50日目からやっと忌が終りますので，これを忌明けの日といいます。ここで通常の日々にもどります。もちろんこれまで農作業はいっさい禁止というわけではありませんが7日ごとに僧を迎えねばなりませんからたいへんな負担です。

　インドの仏教でもこの七七の供養はやっておりましたが供養はこれできっぱり打ち切られました。しかし仏教が中国にやって来ますと儒教の礼制をまねて，たいへんなことになります。死後一周忌，三回忌，七回忌，三十三回忌をおこなわねばならないことになります。しかし通常はこれで打ち止めになるのですが，近ごろは百回忌もやれという通知が舞いこむケースもあります。しかしここまでくれば法要というものは檀那寺のふところを暖めるためのものではないかと口走りたくなります。そしてなぜこんなことになったのか悲しくなってきます。

　しかしながら悲しんでばかりいても始まりません。実はこういう状況に堂々と立ち向かう哲学が存在しますのでそれを披露いたしましょう。この哲学の鍵となる概念を「品格」とします。これはヨーロッパ哲学でいうペルソナ（位格）に相当する概念です。さて品格にはいくつもの種類がありますが，今は①人格＝生者のもつ品格，②霊格＝死者のもつ品格，③尊格＝仏像のもつ品格，④神格＝神像あるいは神鏡のもつ品格の四つです。狼や狐などにも品格を与えるこ

とがありますがこういうケースは今は問題にしません。

　これら4種類の品格はすべて品格をもつという点では等資格だといたします。つまりこの四つには上下の差はないと主張します。この主張は，品格という概念を使えばそうならざるを得ません。そしてこれこそは民主主義的主張です。庶民尊重の主張です。

　人びとは木でつくった仏像に手を合わせます。これは木製品を拝んでいるのではありません。木製品に品格を与え，仏という尊格に仕立てあげて拝んでいるのです。人びとはまた神像や神鏡に手を合わせて拝みます。これも木製品や金属製品を拝んでいるのではありません。それらの品物に神格を与えたうえで拝んでいるのです。

　次に死者についてですが死者は屍つまり死体です。刑事たちは死体を調べる前に手をあわせます。解剖医も解剖の前に手をあわせます。これは死体そのものを拝んでいるのではありません。死体に与えられた霊格を拝んでいるのです。最後になりましたが生者は単なる生きた身体にすぎません。すばらしい筋骨のもち主だとほめられはしますが拝まれはしません。しかしそうした人体に「人格」を与えますと拝まれます。インド人は人と人とが出会うときに両手を合わせてあいさつします。日本ではそうはしませんが互いに頭をぺこぺこと下げあいます。しかしこの動作は神仏の前で頭を下げるのと変りありません。

　以上，4種類の品格を挙げましたが実をいえば①と②の二つだけで十分で③以下は必要でないという選択もありえます。そして実は筆者はこの選択をよしとしたいのです。そしてこの選択をすれば無理やり仏像を拝まされてつらい檀徒になる必然性から逃れることができるのです。そして日本の庶民もいちおう神仏には手をあわせて幸せを祈りますがこの望みがかなえられないときは「神も仏もあるものか（神仏などあるはずがない）」とわめくのです。

残された二つの品格の中で，現実主義者の筆者はやはり生者の品格つまり人格の方をとります。長年ヨーロッパ哲学に親しんできた筆者はペルソナつまりperson（人格）の概念の便利さ，貴重さはわかり切っていました。ペルソナは単に人格であるだけでなく法的人格つまり権利義務の主体に結実するからです。そうした目で日本を振り返って見ると日本にもペルソナに相当する概念である品格というものがあるということに気づいたのです。

　ヨーロッパ人は二人の人間が米つきばったのように互いに上身を折りまげあうという動作をみて，何のことだと不思議がります。しかしそこに庶民の生き方の根底をなす日本人なりの人格尊重のあり方を読みとらねばなりません。このくらいで日常の日本人の行動を観察することはやめにして死者の方に移ります。

　まず死体の話から始めます。死体というものはテレビのサスペンスなどには必ず登場しますがあれは画面の上のしろものでして，実物を見るとやはり恐しいものです。古事記ではイザナミノミコトが夫であるイザナギノミコトを残して黄泉の国へ先立ちます。するとイザナギは妻恋しさにその国に出かけます。そしてそこでうじにたかられた妻の死体を見て驚き逃げ帰ります。古墳に埋葬された遺体の状態を神話に仕立てたものですが，それとよく似た事件が筆者の住む村で起こったのでそれを紹介いたします。子供を死なせた若い母親が狂気のように泣き叫びます。しかし家族はなだめすかし死んだ子供を火葬場に送ろうとします。しかし母親は火葬などだめだと逆らいます。そこで実は不法なのですが家族はこっそりと赤ん坊を土葬にします。しかし母親は子供恋しさに一人で墓地に出かけ墓を掘り返し棺のふたを開けました。そして目にしたものに腰を抜かし這這の体で逃げもどったのです。

　死体はミイラにしない限り腐敗します。だから家の中に置いてお

くわけにはいきません。葬らねばなりません。ほうむるということばのもとのことばは放つつまりほうり捨てるです。死体は怖いものだったので遠いところへ投げ捨てて逃げ帰ったのでしょう。そうすると山犬たちが出てきてきれいな骨にしてくれます。しかしそれではあんまりだというわけで土に埋めます。そうすると土の中で腐敗し、きれいな骨になります。村の墓掘り当番になった青年たちは墓掘りをしていたらたくさんの骨が出てきたと話しているのを耳にしたことがあります。シェイクスピアの『ハムレット』で墓掘り人夫が頭蓋骨をもてあそんでいるのと似た情景です。しかし死体は確かに骨になるときれいになります。これは火葬の後の骨上げの場合も同じです。とにかく死体は時間がたてばきれいになります。そしてこれは有難いことです。そうなると死者への恐怖が遠退くからです。以上は哲学でいえば形而下的な話です。しかし形而上的な話もしなければなりません。そしてここで品格の出番ということになります。つまり生者の人格は死ねば霊格になるという話になります。

いったん霊格を得た死体はもはや恐しい存在ではなくなります。ある種の霊格は怨霊となりそれは恐しいものですが、近親の死者の霊格がそんなものになることは稀でしょう。こうして死者は少々の暇はかかりますが立派な霊格となります。これはもちろん死ねば仏になったり神になったりするという思想とは無関係です。庶民ならば誰もがもっている正常な哲学です。

われわれ庶民はそうした霊格を「お精霊さん」と呼びます。お精霊さんは、生きている人間の人格とは違います。しかし人格と霊格は品格という概念でまとめるとごく親しい間柄です。両者は交流が可能です。こうして庶民たちは正月と盆の二回だけ精霊をわが家に招き入れるのです。ただし正月の方は昔やっていたことでして今はすたれています。しかし筆者の住む村では盆だけでなく正月も墓に

参ります。盆の場合は精霊を家へと迎え入れるためですが，さすがに正月の墓参りはそれこそ訪問程度で止めておきます。

　盆の先祖祀りはたいへんな行事です。墓までお迎えに行く場合もありますが，たいていは村境でお待ちします。無精をして門前でお迎えという家もあります。とにかく待っている場所が目立つようにその場所で火を焚きます。そして無事にお精霊に気づいてもらったら，お精霊さんを家へと迎え入れます。そこにはできる限りの御馳走が用意してあります。このようにして精霊を迎えて三日の間親しい交流がおこなわれそのうえでお帰りねがいます。これが精霊送りです。こうして年月を重ねていくうちにお精霊さんは祖霊というものに昇格していきます。

　以上述べました行事に仏事が混入する場合がありますが仏教などなくても精霊迎えと精霊との交流と精霊送りという一連のプロセスは成り立ちます。こうして農民そして庶民は3日間の非日常的な時間を過ごし再び日常の世界つまり「け」の世界へもどるのです。

　以上が図16（110頁）の第一期の説明です。つまりけの世界に生きる人間は，一時的にけ離れの状態になることはありますが，必ずもとのけの世界にもどります。そうでなければ彼らはその生活を成り立たせられないからです。

　次に第二期の説明に移ります。ここでの重要メンバーは図16で示したようにけの世界の人間を離れて別世界をつくり出した者たちです。普通の人間ならけの世界を離れて遊び暮らせばたちまち路頭に迷います。うまくいってせいぜいやくざ者になるくらいです。しかし，脱出に成功しそのまま別世界をつくり出した強大なメンバーが出てきます。それが①大王家，②公家，寺家，社家，③武家です。これら①，②，③は時代的には①は大和奈良時代，②は平安時代，③は鎌倉時代から幕末まで日本の政権を握ってきたのです。そして

この間中庶民は見下げられただけではなく，図16第三期で示されたように誅求され収奪され続けたのです。

　日本の歴史が図16のように推移したのは歴史的な事実です。しかしけの世界の人間がアリストテレスの教えたように第一期の体制を維持したまま成長を遂げ，民主国家への道を進まずに，第二期，第三期のような恥ずべき道を選んだのはなぜでしょうか。

　日本人の歴史にとってのこの問題は実はヨーロッパの諸国家の歴史の歩みを調べると大きなヒントをもらえます。というのも彼らもまた，日本人と同様に恥ずべき道を歩んできたからです。

　ですからここで，ローマ帝国崩壊後のヨーロッパ人の歴史を簡単に述べてみましょう。ヨーロッパにはケルト系だのイタリア系だのゲルマン系だのといった多くの人種が住んでいました。しかしここではフランス系の人間のつくった国を代表としてとりあげます。

　話を簡潔にするために図をつくります。そして図18は図16を下敷きにしてつくったものであることに留意してください。

　図18は上下二段に分かれています。上段は「人間は自由な存在として生まれてきた。しかし今ではいたるところで鉄の鎖でつながれ

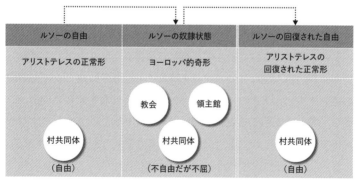

図18

120

ている」というルソーのことばに依拠しています。ルソーは自由を示すのにliberalということばを使っていますが，これは悪い意味での哲学用語あるいはイデオロギー用語です。liberalということばを使って現代に至るまでいかに混乱をきわめた議論がなされてきたかはいうもおろかですから止めます。ですからやはり堅実なアリストテレス哲学の枠組で考えることにします。アリストテレスは自由などでなく共同体というものを出発点にしました。ですから村も共同体として把握します。そしてこの村共同体はそれぞれの村共同体の存在を保存しながらいくつもの村共同体の連合体をつくり最後に国家共同体に至ります。ですから村共同体は国家共同体の出発点であり，国家共同体の下支えとなるものです。そういうわけですから図18では図16第一期の村共同体の永続性が示されています。ところが図18を見ればわかるようにこの原則は破られています。そしてこれがヨーロッパの奇形というものです。

　高校の世界史の教科書でヨーロッパ中世の部分を調べてみますと例外なく村の構造図が載っています。村の図ですから農民の家や村の鍛冶屋の家が描きこまれています。しかしなんとそこに大きな教会と大きな領主の館が描きこまれているのです。場合によると領主の館よりもずっと立派な城館が描かれています。

　古代ギリシアの村の概念から見れば異様としか思えません。古代ギリシアの村に教会がないのは当然ですが，村の中に権力者の館が居据わっているという光景など考えられません。村にはせいぜい広場があるだけで，その広場に村人が集っておしゃべりしたり，もう少し真剣な相談をしたりするための建物があるくらいです。

　領主館などないあっけらかんとした村と教会や領主館つきの村のどちらが通常の姿だといえば意見が分かれます。中世に住んでいる人たちには後者が見慣れた光景ですからこちらが通常だと思えるで

しょう。しかしこれは実は奇形であり，そんなもののない方が正常だという考え方もあるのです。

　筆者は後者の考えに立ちますがこの立場から見れば教会も領主館も外部からの闖入者であり目ざわりとしか思えません。まして教会や領主館が百姓から収奪をおこなっているということがわかるともっと嫌になります。筆者は日本の農村に育った人間ですからどの村にも大きな檀那寺がそびえ立っているのを見てそういうものだと思っていました。しかし年齢を重ねていくうちに檀那寺とはどういうものかがわかってきました。つまりそれは村人に苦しみを与える存在ではないかと感じられてきました。しかし私たちはヨーロッパ中世の農民に較べればまだ幸せです。ヨーロッパにおける僧侶と領主による農民の二重苦よりも一重苦ですまされているからです。

　このように中世ヨーロッパの村民は辛いめにあっていましたがそれに負けませんでした。村人は逃れられないつとめとして日曜日のミサには出席しました。しかしミサの後に教会の前の広場で村の俗事の相談会を開きました。そしてそれが終れば近くの酒場でもっとうちとけた話に花を咲かせました。年に何度かは村祭がおこなわれ教会前の広場では臨時の店が軒を並べ大道芸人が人びとを集めて芸を見せ金をかせいだことでしょう。とにかく二重の重圧にも負けず村人たちは自分たちの独自の世界を守り続けたのです。

　一つだけお耳に入れておきたい話をします。図18で示されているように教会は農民を収奪する側に立っています。しかし例外もあるという話です。教会のもつ領地からの収奪や十分の一税という宗教税の大部分は実は村の教会の司祭ではなく司教のようなもっと高位の聖職者の懐に入れられていたのです。ですから村の司祭さんの生活は農民とあまり変りがありませんでした。確かに司祭さんはそれなりの教育を受け村人たちに説教をして指導する立場にあります。

しかし彼らは農民出身であり，貴族出身の高位聖職者が独占する高い地位には昇れませんでした。農民から上位の身分に昇る道には聖職者になるというコースがあります。しかしこのコースも頭打ちという状況だったのです。ですから村の司祭さんは自分の出身階級である農民を裏切ることはできず，農民の一揆があれば農民の側に立ち，その先頭となって戦うという例が多く見られたのです。しかし残念ながら，こうした一揆はどれ一つ成功することはありませんでした。

　貧僧のエピソードはこれで終るとして，なんといっても農民にとって図18の教会と領主は敵だとしか思えません。そこでそんなものは一掃してしまえとばかりに始めたのがフランス大革命でした。ですからフランス大革命はうっとうしい身分制の撤廃を狙ったものです。そしてこれは成功しました。しかしそれは革命といわれるだけあって相当な暴力を必要としたものでして，自由を！　といったスローガンだけでなされたものではありません。さらにこの革命は農民が主体となっておこなったものではありませんでした。

　そうはいっても革命により農民の得るところは大でした。教会と世俗領主たちの土地は農民のものとなりました。立派な農地解放です。しかしそれで農民は喜んでいるわけにはいきません。とにかくなん百年にもわたって教会と領主によって首ねっこを押さえられていたのです。彼らが退場したからといって彼らのつくった体制の病態は後遺症として残ります。だから村むらはもとの共同体をとりもどすのに苦労します。とりわけその遺制の一つは村における司祭の精神的支配であり，村民たちは国家の手を借りることによってやっと子供の教育からの聖職者排除を成功させたのです

　ところで革命後の村むらはどうなったのでしょうか。革命後にネイション国家（国民国家）という妙なものをつくることにしたフラン

ス政府は上からの地方行政に乗りだします。伝統的な農村共同体などお構いなしに政府の都合にあわせて新しい市区町村をでっちあげます。これは明治の日本でも見られたことでして古くからの村むらの無茶な離合集散をおこないます。しかしそれにもかかわらずフランスでも日本でも古くからの村落共同体は死に絶えてはいないはずだと思います。

　以上でフランスの話は終りますが，フランスの話と日本の話がよく似ていることに気づかれたことと思います。結局両国ともいったんは図18で示された奇形といってよい誤ったコースをとり，その後それの矯正に成功したのです。そしてそれがフランスでは大革命であり，日本では明治維新だったのです。以上二つの大改革をおこなったことで両国とも身分制という恥ずべき制度を清算し，正しいコースにもどって歩み始めたのです。

　ここまで話を進めて来ましたが一人で鍬を振るう農民の歩みつまりけの生活者の歩みは孤独なものだと痛感します。しかしそんな感懐にふける暇など与えられていません。けの生活を中断させるわけにはいきません。けの生活を邪魔する連中が次つぎと現れてきますがそんなものに負けてはいられません。アリストテレスの路線をためらうことなく進めましょう。農民は孤独といっても家の中には家族がいます。老いたら労働は軽くしてもらえます。アリストテレスはいちおう市井の一凡人を主人公に仕立てましたが田夫野人のことを忘れていたわけではありません。古代ギリシアのアテナイでは市井の凡人と田夫野人の差別は意図的に解消するよう計画されていました。ポリスの案件の相談には市井の凡人も田夫野人も一か所に集って平等の資格で参加したのです。

　しかしこういう連中は一人ひとりががんばってもたかが知れていることを知っていました。だからコミュニティをつくり，そうした

コミュニティを下から積みあげ民主的な国家をつくるべしと思いつ
いたのでして，アリストテレスはその行動を理論化し，哲学化した
のです。ところが現代人は彼らよりうんと進んだ世の中に住んでい
ながら，人間の目標は人びとが協力しあいながら民主国家をつくる
ことだということに思いが及ばず哀れな目的喪失者として浮遊して
いるのです。しかし彼らがほんとうの目標はなにかということに気
づきまともな人間にもどることを切望します。

　とはいえまことの目標がわかったとしてもその人間がいきなり立
派な人物になれるわけではありません。覚醒後も人間がアリストテ
レスのいうように依然としてa this manであることに変りはあり
ません。アリストテレスより400年ばかり後にプルタルコスという
ギリシア人が現れます。彼は『比較列伝』という本を書きます。日
本では『英雄伝』と訳されていますが誤りです。原題にはbioiとい
うことばが使われていますようにbiography（一人の人間の一生涯の記録）
の50人分を集めたものです。

　ところで「英雄（hero）」と「生涯を送る者（bioōn）」とは違います。
heroはギリシアでは半神（両親の一人が神でありもう一人が人間）という
すごい存在です。もちろんヘシオドスもアリストテレスもそんな存
在は嫌います。『比較列伝』にはアレクサンダーやシーザーのような
偉い人物もとりあげられていますが彼らもまたbioōnつまり生活者
のメンバーとされてしまっています。プルタルコスのこうした価値
切り下げの行為でもアリストテレスはまだ満足しなかったでしょう。
なにしろ彼はあらゆる人間をa this manにまで引き下げてしまっ
たのですから。前にこのa this manがコルシコスあるいは田吾作
のようなものだといいましたがアリストテレス自身はそんな名前を
使わずにa this manで押し通します。さすがは哲学者であり論理
学者だといえます。

アリストテレスのa this manには脱帽するほかありません。しかし筆者としては不満があります。a this manでなくてa this person にしてほしいのです。つまり筆者としてはアリストテレスの存在論の段階から義務論の段階に変えたいのです。そしてこのことはアリストテレスの目ざすデモクラシーに至るための必須の条件だからなのです。

12

余論▶その五

ドイツの著名な哲学者
ハイデッガーについての感想を，
アリストテレスを
参照しながら述べてみます

　ハイデッガーは著名な哲学者です。前にも述べましたように筆者は第三高等学校の一学年のとき，18歳にして彼の著書『形而上学とはなにか』をドイツ語で読みました。それ以後彼の著書のほとんどに目を通しました。日本の哲学者の多くがハイデッガーを尊敬しハイデッガー詣でをしました。しかし筆者は彼らより若い世代ですのでそんなことはしたくてもできませんでした。しかし筆者は二度とない機会に恵まれました。晩年のハイデッガーの愛弟子が日本にやって来たのです。彼は京都大学に招かれたのですが，当時筆者の勤めていたある私立大学にも週一回やってきてゼミナールを開いてくれました。筆者は通訳の仕事も兼ねてそのゼミに参加しました。そしてそこで晩年のハイデッガーの日常についての話を聞きだしました。実に貴重な情報ですが，プライバシーに属しますのでここでは述べません。ですからこれからの話は公開された著書の範囲での情

報内でおこないます。

　ハイデッガーの初期の著書は『存在と時間』ですが，これは日本では実によく読まれました。日本語訳も出ています。例によって厳しい批判などおこなわれず無事名著という地位に収められました。ところが筆者はこの本を白けた目でしか読めませんでした。しかしなぜそうしたことになったのかは，今まで長ながと話してきた思考構造全体をもちださないと納得してもらえないでしょう。そこでハイデッガーをうまく理解してもらうために，いったん彼から離れ，彼を見下ろせるような展望台をつくることにします。ただし基準として使われるのはもちろんアリストテレスの哲学です。

　図19も図20も出発点は同じで日常性（everyday life）です。二つの図ともアリストテレス的日常性は水平のベクトルで示されます。しかし図19と図20にはそれから逸れたベクトルも描かれていますが両者の方向は異なります。

　図19と図20の水平ベクトルは今まで縷々として述べてきましたアリストテレス路線であり，日本でいえば「け」の路線です。筆者はこの路線を支持するものですが，この路線から二つの枝道があらわれます。

　図19はもちろんアリストテレス路線からのドロップ・アウトの横道です。ここでは国家への道は閉ざされます。社会学はこの路線

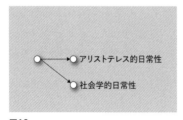

図19

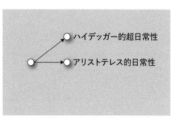

図20

で仕事をしますが国家への関心はもちません。さらにもう一つアリストテレス路線と決定的に違うところは第三者的視点に立つことです。これは一見客観的な観察をおこなうのだから科学として当然だと思われますが，少なくともアリストテレス路線からははずれます。アリストテレスのa this manはその中にアリストテレス自身も含まれます。しかし社会学そして民俗学までもが人びとを観察するときに自分を勘定に入れずに第三者的立場をとります。筆者は民俗学を学んでいる学生がこれからどこどこの村の取材に行くのだといっているのを耳にしたことがあります。まるで新聞記者気取りです。彼らは村人をそれこそ材料だとしか考えていないのです。そんなことで村の実相がつかめると思うのは大まちがいです。

　次に図20に移ります。若きハイデッガー先生のお出ましです。彼は『存在と時間』で真っ向から庶民の日常生活をとりあげます。そして社会学者顔まけの庶民観察の記述を展開します。哲学者のくせにここまでやるのかと驚かせます。そういえばアリストテレスも路上の庶民の記述をやっています。だからアリストテレスの再来かと思わせます。しかしこの期待はもののみごとに裏切られます。彼はアリストテレス路線から決定的に離れます。しかも図19とは違う形で離脱します。

　実際彼の文章を読んでみますと彼は自分自身を庶民の一員とは見ておりません。庶民をwe（一人称）ではなくthey（三人称）を使うことによって第三者として眺めています。ハイデッガーの日常性観察の特徴は観察される人間を英語でいえばa this manでなくa manとして見ている点です。この場合のmanは“Men（people）say that～”という場合のmanつまり世人のことであり，世俗の世界にどっぷり浸かっている人間のことです。だからといってそれのどこが悪かと筆者なら抵抗するところですが，ハイデッガーはそんなことばを

受けつけません。人間にはもっと良い生き方があるのだと主張します。そしてその生活とは超日常的生活だといいます。しかしこれもまたアリストテレス路線からのもう一つの逸脱です。このように超脱した高い位置に立てば通常の日常性は劣ったものに見えることは当然です。そこでハイデッガーは「超日常的生活の人間イコール本来的（essentialな）人間」と「日常的生活を送る人間イコール非本来的（unessentialな）人間」という巧妙なからくりを編みだします。

　ハイデッガーはessentialとunessentialに相当する語をドイツ語で述べているのですが，ドイツ語になじんでいない人のためにわざと英語を使いました。しかし実はそこには筆者の魂胆も潜んでいます。というのはessentialな人間とは"esse（存在）"を扱う人間であり，unessentialな人間とは"esse"を扱わない人間という意味にとれるからです。ですからハイデッガーが本来的な人間を評価するということは，彼がesseそのものを高く評価することを意味しますが，このesseこそハイデッガーが終生あがめ奉ったSein（ザイン）つまりドイツ語の「存在」なのです。

　ハイデッガーがいくら頑張っても彼がドイツ人であるというひけ目は解消できません。Seinはesseにかないません。しかしesseもギリシア語のeinaiにはかないません。ハイデッガーはごく若いときは中世哲学を研究していたのですがそれに飽き足らず，ギリシア哲学の研究に没頭しました。ヨーロッパ哲学の原風景にぜひとも触れたかったのでしょう。とはいえハイデッガーは終生Seinというドイツ語に執着しました。スピノザは神に酔える哲学者といわれますが，神を見放したハイデッガーは存在に酔える哲学者といえるでしょう。しかし筆者としてはこうした哲学者につきあうことなど不可能です。

　ところでザインという絶対者を見つけ出したハイデッガーは確固

不動の哲学をつくりあげました。彼はザインを手離しさえしなけれ
ば，プラトンもデカルトもカントもなんのそのと思ったのでしょう。
ハイデッガーはSeinというものに気づかない人を「存在忘却者」と
きめつけました。ヘーゲルは哲学史を「馬鹿者たちの著作の展示場」
だといいましたが，ハイデッガーは哲学史を「存在を忘却した哲学
者たちの著作の展示場」といいたかったのです。そうはいってもハ
イデッガーはヘーゲルほど高姿勢ではありませんでした。一時は暴
力の固まりであるナチズムに傾きかけましたが，すぐに思いなおし
てそこから離脱し，暴力だけは使わないという哲学者の矜持を守っ
てくれました。

　神が死んで後に残された唯一の存在，つまり「存在そのもの」の
存在を確信しているハイデッガーにとってそうしたありがたい
「存在(ザイン)」とはどんなものかを知りたいところですが，彼はそれをは
っきりとは説明していません。神をはっきりと画きだすことが不可
能であるのと似ています。

　筆者の記憶に残るのはこれまた英語を使いますが，clearing(森の
切り開け)のことです。深い森や林の道を進んでいくと突然空き地が
現れそこだけ光がさしこんでいる所にでくわすことがあります。こ
れは誰しも経験することです。ハイデッガーはそうした森の開けを
もち出すのです。もちろん凡人の体験としてではありません。哲人
ハイデッガーがそれを悟りとして体験したのか，単に比喩としても
ち出したのかはわかりません。ところでclearingに似たことばに
enlightenmentということばがあります。これは啓蒙と訳されます
が，単に理性という光で愚か者が賢くなることです。しかしclear-
ingでは理性の光のようなつまらないものでなく存在の光で明るく
なっているのです。

　森の切り開けの場でならザインというものの姿を見ることができ

るのかもしれません。しかし凡人は努力してもそんな幸運には恵まれません。そこでザインはしびれを切らして，自ら人間どもに近づくしかないということになります。「主は来ませり」でなしに「ザインは来ませり」というわけです。しかし鈍感な凡人はそれでもザインというものに気づくことはできないのです。

ここまでくれば筆者もその本性をあらわさないわけにはいきません。そしてそのために図21と図22をつくりました。ただし図21は図16（110頁）の第三期をデフォルメしたものであり，図22は図20（128頁）をデフォルメしたものです。どちらのデフォルメも無理な変形だとは思われません。しかしそうしたデフォルメは実は図21と図22の同型性をつくりたいためだったのです。図21と図22は同型ですが，材料は違います。図21のけ離れの世界の人間は，大王家，公家，寺社家，武家でした。そしてこういう輩が民衆を見下しました。他方図22ではれっきとした哲学者が民衆を見下すということになります。だとすると民衆にとって公家や武家と同様哲学者もうっとうしい存在だということになります。そしてこういうように見ることによってハイデッガーの哲学の正体がみごとに露見することになるのです。

晩年のハイデッガーは森の空き地のことを忘れがたかったのか森の小道を好んで散歩していたことでしょう。しかし森の中で農民に

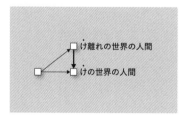

図21　　　　　　　　　　　**図22**

あうことはありません。そこで自分から農民に近づくしかありません。もちろん村共同体の正式メンバーにはなれません。しかしそれでも服装だけは農民の姿にすることを好んだと見えて，そういう写真が残されています。ハイデッガーは結局ドイツの森や野を古代ギリシア人の森や野と重ね合わせることで安らぎを覚えたのでしょう。そしてザインというものにもそうした形で出会えると思ったのでしょう。

　ハイデッガーに危うく引きこまれるところでした。しかしハイデッガーのザインの信者になってはなりません。そこで再びアリストテレスに助けを求めましょう。アリストテレスも存在論者として存在なるものを扱っているのですから。だとすればハイデッガーのいう存在とアリストテレスのいう存在とはどう違うのかということになります。存在論にかけてはもちろんアリストテレスが先輩です。後輩の方が先輩より優れた仕事をするのが常識ですがアリストテレスに限ってそんなことはさせません。アリストテレスは存在というつかみどころのないしろものを『カテゴリー論』でみごとに処理したことは前に述べたとおりです。アリストテレスはギリシア語の存在を意味するエイナイという動詞から引きだせるものはすべて引きだし論理学をつくりました。そしてその中での最たる業績はa this manというしろものでした。彼はthis manという形で存在のエッセンスである個体的存在を見つけました。するとこれでしっかりした論理学がつくれます。このようにエッセンスを抜きとられると，存在は抜け殻同然のがらくたになります。しかしハイデッガーは存在ががらくたになったことは認めるにしても，そんな情ない存在とは別に傷つけられていない完璧な姿の本当の存在がいまも生き残っていると信じたのです。しかしこれは信仰としかいいようがありません。

他方アリストテレスはまずthis manという個体の論理学をつくったうえで，こんどはa this manという概念を使って人間学をつくりあげ，このa this manつまり市井の凡人どもが寄り集まってデモクラシー国家の構築への道を歩んでいることを発見しそれを哲学理論にまで仕立てあげたのです。

　こういうことがわかってみるとハイデッガー路線は誤りだということになります。彼は市井の人間を哲学の対象としましたが，彼はそういう連中を見誤ったのです。そして彼らを見くびるという結果に陥ったのです。

　ハイデッガーは高所から民衆に対して存在忘却を非難しますが，筆者としてはそれに負けず，多くの有識者たちの国家忘却という憂うべき事態を非難することで応じたいと思います。

13

余論▶その六

ハイデッガーの師匠筋に当る
フッサールについても
述べさせていただきます

　ドイツの哲学者フッサールはハイデッガーの師匠筋にあたる人物ですが，筆者の体験に照らしあわせますと，筆者の大学時代の老教授の世代がフッサール詣でをしております。そしてその次の世代がハイデッガー詣でという順番となります。

　さてフッサールは現象学を創設したといわれていますが，この名称は誤解を招きます。彼の本当の仕事は「ノエシス」と「ノエマ」の探求です。この二つの語は文法的観点で訳をつけるならば「能知」と「所知」と訳せますが，問題はその場合の「知」とはなにかです。フッサールの著書や解説を読んでみますといろいろ難しいことが書いてありますので，そちらの方は勘弁してもらうとして一気に古代ギリシアにもどってみましょう。というのもノエシスもノエマもnoein（知る）というギリシア語からつくられた語だからです。

　知といってもピンからキリまであります。しかしこのnoeinとい

う知は最高級の知なのです。常識的知や科学的知など足もとにも及びません。こうした知は日本語では最高級の知を意味する叡智に相当しますのでこれからこの語を使います。この難しい語は仏教語ではなくれっきとした古典の漢語でして易の『繋辞伝』に出てきます。この語は叡慮（天子のみこころ）のように使われますことからもわかりますように，たいそう高級で尊貴な性質をもっています。しかしこの叡智の具体的な意味は洞察力のある知，ものごとを見通す知だといえます。ものごとを観察するくらいなら小学生でもできますが，ものごとを見抜く能力をもつ人がいるというならそれだけで特権的な人間というべきでしょう。しかしそういう人間がいるとしても観察しただけで万有引力の法則が見つけられるでしょうか。ニュートンはリンゴの実が木から落ちるのを見てその法則を見抜いたと言われますがこれは見てきたようなお話でして，彼が引力の法則を見つけるまでにはそれまでの科学の伝統と彼の科学的な努力が必要だったのです。ニュートンの法則でさえそうなのですからアインシュタインの法則 $E = mc^2$ などが通常の現象を眺めただけで見抜けるなどとは考えられません。

　プラトンはヌース（nous）というものを大切にしました。ヌースとは叡智そのものであり，またその働きの主役です。プラトンはこの叡智によってイデアというすばらしいものが見えると主張し，実際自分は見たといいます。しかしこれに異を唱えたのがアリストテレスです。彼はヌースというものはいちおう認めましたが，ヌースはイデアを見るためのものではなく，学問の究極の原理を見るためのものだと考えました。この考えはきわめて健全であり，彼の同調者からも採用されました。そしてその結果として挙げたいのがen-noiaというギリシア語です。この語はnousより一段低い性格の知的活動であり，概念知という意味をもちます。しかしもちろんこの

語はnoeinと関係があります。

　ところでこのennoiaがユークリッド幾何学に出てくるkoina en-noia（notio communis）つまり共通公理あるいは普通公理といわれるものを生み出します。そしてこれはユークリッドの『幾何学原論』の冒頭に5個並べられます。そしてその第一が「同じものに等しいものは互いに等しい」という命題です。ユークリッドはこれらの公理と4個の公準を使っていわゆるユークリッド幾何学のすべての定理を導き出したのです。

　このようにしてennoiaはnousよりランクを一つ落としますが，その代償としてすばらしい遺産を残します。人類にとってはイデア論よりも遥かに有難い宝物です。実際，イデア論のような特異な理論よりも「万人の認める普遍的な命題」つまりcommonな命題の方が庶民には遥かに有益です。プラトンもイデア論の次には幾何学を大切にしたのですからアリストテレスの後裔たちの業績に対して文句をつけることができないはずです。

　フッサールを語るのにギリシアにまで遡ったのにはわけがあります。ギリシアでは知に対して叡智と概念知という二つの段階が設けられ，後者は幾何学者が分担するが，前者は幾何学者如きものには見えないイデアを見ることができる哲学者が担当するという構図が見られたのですが，フッサールは20世紀になってこれを再現したのです。つまり彼は数学をもとにした近代科学知を評価はするがそれら如きものには及びもつかない叡智の領域があり，自分はプラトン的イデア論に相当するノエシス，ノエマの学を開拓すると宣言したのです。そして科学者よおごるなかれ，科学者の知を享受する庶民どもよ慢心するなと警告したわけです。

　フッサールは自分の精緻な哲学をつくりあげそれを大学のゼミナール室で教えていたのですが，十分自信をつけた後大学から庶民た

ちが渦巻く「生活世界」に進出します。しかしもちろんここでも叡智の優位性は堅持されます。しかし叡智の目に日常世界はどう映ったのでしょうか。常人にはうかがい知れません。議論という形では強気に出て科学の制覇を批判していますが，常人にとってはそういうことをして哲学者の縄張りを死守しようとしているのだと見えてしまいます。

　フッサールと同様にハイデッガーも町へ出かけました。そして庶民の日常性を観察しました。彼の報告は具体的であり，社会学者に負けない分析でした。しかし彼もやはりフッサールに負けず劣らずの哲学者意識をもっていました。社会学者とは異なり，庶民たちは大切な「存在」というものを忘れているとのたまいます。そして庶民を見捨て，「存在」の探求に一生を捧げます。彼がどれだけ「存在」に肉薄したのかはわかりません。プラトンのように俺はイデアを見たといったのに見習って俺は「存在」と合一したなどとはいいません。とはいえ「存在」と親しんだ生活を送っていたことは確かです。しかし庶民から見れば彼の哲学などわかるはずがありませんが，彼のいう「存在」はやっぱり崇高に見えたのでしょう。彼もそれは意識しており，自分の考えをレコードに吹きこみ，そのレコード盤はよく売れたそうで，筆者もレコードで彼の肉声を聞きました。前にハイデッガーの晩年の愛弟子が日本に来たことを話しましたが，彼はハイデッガーからレコードを吹きこんだときの原稿を譲り受けて大事にもっており，それを筆者に見せてくれました。それを見て驚きました。その原稿の一面に何色もの色鉛筆を使ったアンダーラインが施されているのです。尋ねて見ると，放送のときの力の入れ具合が示されているのだとのことです。ハイデッガーは自分に対する民衆の思いに応えて力一杯の演出を試みていたのです。民衆までが哲学にあこがれるというドイツ人特有の習性がかいま見える事実です

が，筆者はこれが危険などとは思いません。日本人としては頬笑ましい姿だと見ておくことにしましょう。

　これまでにプラトン，フッサール，ハイデッガーという三人の哲学者をみてきました。三人とも常人がもっていない特別の目をもっており常人には見えないものを見ています。そういう高級な目がほんとにあるのか疑いたくなります。それでも哲学者の目はまだ低級です。宗教家の目はもっとすごいです。神を見る目をもっていると称される恐るべき人物もいるとされています。しかしわれわれ常人にはそんな非常な目は必要ではありません。叡智などなくても世の中は渡れます。それどころか常人たちは宗教的国家やイデオロギー国家などとは別のもっと現実味があり実現の望みのあるデモクラシー国家の出現に努力を結集します。そしてここでも叡智なるものは必要でありません。

　人間のもつ知にはいろいろの種類があるということがわかってきましたのでここで整理のために「知」の分類表をつくってみます。

　庶民にとって諸悪の根源といえるnousについては，今まで述べてきた以上のことは差し控えますがnousは語源からいって不明とされていることだけは付言しておきます。したがって知の語源としては $\sqrt{ski}$ と $\sqrt{weid}$ の二個に絞られることになります。

　図23の**2**の $\sqrt{ski}$ からはおなじみのscienceという語がつくられま

1	語源不明	nous	叡智
2	$\sqrt{ski}$	science	科学知
3	$\sqrt{weid}$	wit	世間知
4	$\sqrt{ski}$	conscience I	道徳知
5	$\sqrt{ski}$	conscience II	政治知

図23

す。この語は単なる知という意味から，近世に入って科学知に絞られてきたものです。このことを科学革命だなどと革命好きの人たちが名づけていますが，古代ギリシアにも幾何学を応用した機械がつくられていました。しかし古代ではプラトン学派によって幾何学は叡智よりも格が下だとされていました。しかし近代に入って科学が叡智なるものから絶縁して独立したということは確かです。この科学知については現在その内容は周知となっていますし，科学史家や科学哲学者がここぞとばかり自分たちの研究を発表し続けていますので，ここで触れる必要はないでしょう。そこで**3**の世間知に入ります。世間知は科学以前から存在していましたし，科学出現後もそれとは無関係に生き続けています。しかし世間知も科学知が生み出されてからはそれを学びとりこもうとします。つまり世間知は科学知を道具として使いこなすようになります。それは世間知にとって叡智は使いようがありませんが科学知は信用が置けしかも有益だからです。

　ここで本番の世間知の説明に入ります。世間知は庶民にとって日常茶飯事に使われる知です。庶民にとって哲学者は不用ですし，ましてや偏見で固った独裁者はおことわりです。そんなものより常識的な衆知の方がずっと勝っています。ところで改まってそうした世間知とはなにかといわれますと幾通りもの答えが考えられます。答えは①思慮分別知，②経験知，③常識知，④平常知などです。そしてこれらは宮沢賢治が「よく見聞き知り」といったでくのぼうの知にぴったりです。

　世間知を英語でいいますと $\sqrt{weid}$ の語根をもつwitが適切でしょう。witはいわゆるウィット（機知）という意味に使われることもありますがもともとの意味は世間知であり，動詞としても使われます。辞書を引きますとwitという動詞は古語扱いにされていましてI wot, thou wottest, he wotという変化をします。もちろん複数形もあります。そして庶民は「私は知る」から「あなたも知る」さらに第三者の「彼も知る」というふうに「知の輪」を拡げていき，さらに「われわれは知る」，「あなたたちも知る」，「彼らも知る」にまでいきつきます。こうして知というものの共有によって共同体がつくられていくのです。こうなりますと「私だけが知っていて他人には隠す」という事態は単に特殊なケースだということになります。こう考えますと「私」というものを後生大事に守り抜かねばならないという考えはデカルトが残した負の遺産に過ぎないといえます。動詞の人称という点から見るとやはり知の公開性が自然の状態であり，民主制にとっても大切な要素だといえます。

　賢治のいう「よく見聞き知り」は大切ではありますが，それで十分だと思って足踏みしておればなんにもなりません。実際の賢治は農業に関して科学者としての実力をもっており，その科学で農民たちを助けたのです。

　こう考えていきますと**3**の世間知は叡智などより科学知の方に遥かに近い関係にあることがわかります。しかしだからといって科学者に主導権を握られてはなりません。科学者にもいろいろありまして自分のもつ科学知を独裁者に売り渡したり，さらには自分自身をも彼らに身売りするということもあり得るからです。

　以上で図23の**3**でとりあげたwitは終ることにしてまた$\sqrt{\text{ski}}$ 語根の話にもどります。そこでは2種類のconscienceをとりあげます。しかしこの語からcon-をとり去るとscienceとなりますからこの語の解明から始めましょう。するとそのことによって**2**のscience（科学知）の性質をもっと知ることにもなるはずです。scienceという語はラテン語由来ですからまずこの語のもとになったscioというラテン語の動詞を検討します。この語の語根は図23で示されている

$\sqrt{\text{ski}}$ です。ところでこの語根は「打砕く」という意味をもちます。ですから当然 scio（知る）もその原義を保有します。さてものごとを知る場合，ものごとをすでに出来上がった完成体として眺め，それを素直に丸ごと認識するという方法と，出来あいのものをいきなりぶち壊してその内部に入りこんでから認識するという方法があります。そして後者の乱暴なやり方を採用するのが科学者の態度であり科学知はこうして得られた知識なのです。しかし，科学者たちはこういうやり方でみごとな成果をあげたのです。日本語の科学という語は分科の学という意味をあらわすためにつくられたのですが，本場の science はもっと深刻な意味をもっているのです。

いよいよ conscience の話に入りますがこの語は現代英語では ⓐ consciousness（自意識，自覚）と ⓑ conscience（良心）というふうに使われています。しかしこの両語ともローマ時代の原意からはひどく離れてしまっています。しかもその離れ方はよからぬ方向になされているので，もしローマ人が生きていてこれを見れば大いに嘆くにちがいありません。事情がそういうことですので，古代ローマのラテン語について **4** と **5** の本当の意味を考えてみることにしましょう。

ラテン語の conscientia には con（共に）がついています。だからこの語はあるものごとを自分一人が知るだけでなしに，他者ともいっしょになって知るという意味になります。つまり conscientia は知の共同性，知の公開性を明示的に表現する語なのです。しかしこの conscientia を consciousness（意識）という英語にしたのはよいとして，これを自意識と自覚という意味に狭めてしまったのはもとの意義を損ねたものだというべきです。しかしこんな方向に誤らせた元凶はもちろんデカルトだといえるでしょう。

こうして consciousness の発見によってもっぱら自己の内心を調べるべしという哲学を生みだしここに観念の哲学が出現します。観

念(idea)という英語はイデアと同じ語形ですが，天上のイデアを人間の心の中にまでひき下ろしたのはよいとして，その心は人間一人の心でしかなかったのです。

　次に良心という意味のconscienceですが，心の中を調べているうちに自分の抱いている悪しき部分を見つけます。そしてこれを罪だと断定し，もう一方の心が痛み悔やむという状態に陥ります。こうして自己意識は自分の罪を苦にする良心というものに変化していくのです。もちろんここでもデカルト効果が働いているのであり，人間が罪を犯したり，犯さぬまでも悪心を抱く場合は一人で悩むのではなくオープンにして，複数の人間で処理する方が健全だというべきでしょう。そして倫理道徳の教えはそのためにつくられたものなのです。もちろんこうした教えは倫理知として古代において確立済みであることはいうまでもありません。

　古代人の共同知，公開知というものは，倫理道徳の段階でストップしたのではありません。そうした知は政治知にまで押し進められます。そして筆者はこの事実を声を大にして強調したいのです。

　ラテン語の辞典でscioを引いてみましょう。第一の訳語はknowとなっています。これは英語には適切な訳語がなかったのでそうしただけで，本当の意味は前にも述べた分析の結果得られた知のことにちがいありません。

　scioの第二の意味として「可決する」が掲げられています。ところが「知る」と「可決する」の間にはかなりのギャップがあります。しかしながら，出席者の誰もが前もって自分なりの知識をもって会議に臨み，そのうえで一票を投じて議案が可決されたという意味だとすれば納得できます。もちろんconscientiaの第二の意味は常に使われたのではなく政論家や公法学者によって政治的場面で使用されたのです。

ここまでくれば知というものには政治知というものがあり，この知がギリシアのデモクラシーやローマの共和制を根本から支えているものだということを理解してもらえるでしょう。民主制における投票は無知な民衆によっておこなわれても意味がありません。投票には投票者一人ひとりの政治知の錬磨がなければ機能しないのです。

　scioが議決するという意味で使われる例を紹介します。英語にplebiscite(国民投票)という語があります。これはもとはといえばラテン語でしてplebs(peopleつまり民衆)による可決(scitum)という意味です。ローマではよく使われた語でして元老院の上からの布告に対抗して闘う平民の心意気が感じとれる興味深い表現だといえます。

　以上で図23の説明を終ります。あくまでも**3**の世間知が生活世間の土台となるのですが，これが一方では科学を利用し，他方では倫理的知を経て政治知にまで繋がっていくということは見落としてはならない真実だということができると思います。

14

最終章

六つの余論を述べた後に
再び本論にもどります。
西欧ではデモクラシーの哲学者としては
アリストテレスが最初の人物ですが
その真意はなかなか読みとられず，
それどころかねじ曲げられた
哲学が現れました

　本書の一つの目標は西洋デモクラシーの哲学者といえる人物は誰であるかを探し当てることでした。そこでそうした人物選びのために複数の候補者を挙げ，その中から見つけ出すことにします。ただし候補者の実名は出さずに覆面の状態にしておきます。

　図24を見るとびっくりされるかもしれません。デモクラシー哲学の第一人者は誰かという選択の物指に文法用語が選ばれたのですから。しかしこれは本書で始めから採用されたテクニックの一つだと思ってください。現代の学問はずいぶん発達しており，自然科学では縦横に数学が使われています。だから人間の学，社会の学，国家の学でも数学を使いたいところです。神学や宗教学に数学を使うことは無理だとしても哲学では使用可能であり，筆者もそうした研究でいくつかの成功を収めましたがここではせいぜい図3(47頁)を披露するだけにとどめました。

自然科学以外の学に数学を適用することは難しいとしても，文法論を利用することはそれほど難しくはありませんし，アリストテレス以来，実際に適用されかなりの成功を収めています。ですから筆者もアリストテレス先生に見習って本書では文法論を十分活用させてもらいました。そしてこの第一歩がこれまでふんだんにおこなってきた語根の使用です。これはいわば人間思考の考古学的研究といったもので，思考の古層あるいは基層の研究には有効です。しかしこれはまだ文法的には単語論の段階でして，文法の本領である品詞論や文章論の利用も必要です。だから本書はこれからその方法を適用してみたいと思います。ただしこの分野の研究は世界では著者が初めてと思われますので，まだほんの初歩的段階だということは了承してくださるようお願いいたします。

　図24の人称代名詞の列を順に説明していきます。

　I　特権的we

　これはIIの普通人的weと対照的なweです。辞書を引くと①帝王の朕（実際は単数でも形式上複数），②新聞記者の吾人が特権的weの例として掲げられています。①は古くからの慣用ですから今さら文句をつけても始まりませんが，②のweに対しては抵抗を感じます。ことわりもなしに庶民を新聞社の意見にとりこもうとすることは許せません。さらには彼らが自らを無冠の帝王だなどと思っているの

	人称代名詞	動詞	名詞
I	特権的we	不定詞	nobleman, philosophic man
II	普通人的we	間接命令法	a this man
III	he／she, they	叙実法	this man, that man
IV	I(ego)	叙想法	subjective man

図24

なら思いあがりも甚だしいといわれても仕方がありません。とはいえこれは新聞族に限ったことではありません。学者族にも似たところがあり，さらに独裁政権の党員のweに至っては嫌悪どころか恐怖をさえも感じさせます。

Ⅱ　普通人的we

これは至ってのどかな人間が使っているweつまり一介の市井人たちが日常使っているweであり，日本語では「俺たち」，「おいら」といったところです。ただしこれらのことば遣いは「け」の場面だけであり「はれ」の場では使いません。

Ⅲ　he／she, they

三人称代名詞です。weとyouのつくる仲間からはじき出された存在といえます。日本語ではかれ，かのじょ，かれらという不自然なことばが宛てられますが，「か」は「かれこれ」の「か」でして遠称の代名詞としても使われます。だとすると三人称はwe─youの仲間からの疎外をも意味することになります。しかし三人称はそんな仕打ちを受けながらもそれらとは独立の三人称代名詞という支えによって反撃能力を獲得します。

こうして独立した三人称は自分の新しい立場から一人称と二人称のつくる仲間を見返します。つまり第三者の立場から彼らを冷酷に観察します。こうした客観視の態度はⅠの主観視の態度よりも安全です。Ⅰが新聞社の論説委員の体制だとすればⅢは現場の取材記者の体制だといえます。そしてⅢの体制で新しい学をつくりだしたのが社会学（社会科学ではない）の学者たちです。

以上Ⅰ，Ⅱ，Ⅲの説明をしましたが三者の間でランキングをつけるとしますと，Ⅰは絶対に第一位に置きたくありません。特権性を誇る存在はデモクラシーの立場からは許せません。それに較べればⅢの方が優っています。しかし彼らは客観視の立場を維持しては

いますが，客観視をしている御当人はその中には含まれていません。しかしこれはやはり特権者といわれても仕方がありません。自分のことを棚にあげて他をあげつらうということはフェアとはいえません。だから観察者のIをも勘定に入れるべきでしょう。we―you体制をとる場合それを国家規模にまで拡げて実行しなければ，国家内の一党派だけのwe―you体制や国家内での暴力的なwe体制に圧倒されてしまいます。

　　Ⅳ　I(ego)

　I(ego)はⅠ，Ⅱ，Ⅲのグループから一段と格落ちすることを示すため図24では二重線を使いました。Ⅳはデカルトが生みだした困りものです。デカルトは有名なI think, therefore I am(cogito ergo sum)ということばを残しました。そしてこのI(ego)からはegotismとegoismという二つの哲学的立場が生まれました。後者の方はまじめな国民に対し大きな被害を与えましたが，egotismも感心できるしろものではありません。egoismは利己主義，わがまま，勝手者を意味し，egotismの方は個人主義を意味するという区別は可能ですが，後者はIまたはmeという語を過度に使う唯我独尊そして慢心，自尊，己惚というところに至りつきます。己惚という語はもちろん「うぬ(己)に惚れる」という意味です。しかしながらわけのわからない思いつきに惚れてうっとりしている思想家や哲学者などに民衆は関心をもちません。

　以上四つの人称について述べましたが，結論としては，「おまえも人なり，俺も人なり」，「彼も人なり，われも人なり」という一般民衆の口癖が幅をきかすⅡが正常でもっとも穏当な存在だと思われます。

　以上で図24の人称代名詞の項を終えて動詞の項に移ります。前列で民主制の第一人者がわかりかけてきましたが，この列で決定打

148

を放つことにします。動詞にはいろいろの使い方がありますが，もっとも不思議に思えるのは不定法というものの存在です。これは印欧語に特有のしろものでして日本語にはありませんが強いていうなら「ある」という動詞についていえば「あり」や「あること」だといえるでしょう。

　印欧語にもどりますが"I am"や"you are"のような定動詞に対しbeingやto beは"不定"という特技をもっています。というのもそれだけでは「誰が」という限定が欠けているからです。しかしこれだけでは単に文法上の話だけですが，これを哲学の問題にまで高め，高尚な理論を展開した人びとが出現します。その先駆者としてはギリシアの哲学者パルメニデスやプラトンが挙げられます。しかしこの考えを20世紀になって再び蒸し返し一つの哲学流派を打ち立てた人物があり，その実名を挙げるならば，ドイツの著名な哲学者ハイデッガーにほかならないのです。

　ハイデッガーはドイツ語において定動詞と不定動詞の区別をやってのけたのですが，同じことはギリシア語でもやれますし，英語でもやれます。そこで試みに英語でそのからくりを見せましょう。英語にも定動詞のほかに不定動詞があります。例を挙げますとI amのamは前者ですが後者の例としてはbeingとto beがあります。ただしbeingは動名詞としても現在分詞としても使われますが両方とも不定動詞といえます。

　定動詞と不定動詞はどの動詞にもあてはまりますがハイデッガーは存在という動詞に集中します。さらにbeingとto beを区別しbeing（存在者）の研究を存在的研究とし，to be（存在そのもの）の研究を存在論的研究としました。そして両者に差別を与え後者の研究を最上のものとしたのです。

　神を離れて心の依り所を失ったハイデッガーは「存在そのもの」

に依り所を託したのです。ところでこの「存在そのもの」は英語でいえばbeing itselfですがドイツ語でいえばSein(ザイン)でして，この意味でハイデッガーはSeinの哲学者といってよいでしょう。しかし実をいえばハイデッガーは，あらゆる限定詞を捨て去りただ一つ「存在する」という動詞の不定法にのみ望みをかけたに過ぎないのでして，こうしたプロセスは論理ならぬ文法に操られたうえでの事態であるともいえるでしょう。

確かに不定法というものは非限定性を表現します。そして非限定的なものは人知の接近できない有難いものかも知れません。しかしその内容は深く隠されています。そしてこの隠秘性をプラスと評価するかマイナスと評価するかは人によって違ってきます。しかし常人にとっては「存在そのもの」なるものに一生を捧げることなど到底できない芸当なのです。

ハイデッガーの例からもみられるように論理学と違って文法は危いところがあります。ところが哲学者の多くは文法に従って思考を進めます。しかしこれは感心したことではないのです。

以上でⅠの不定詞を終りⅡの間接命令法に移ります。これのもっともわかりやすい例はLet's goです。日本語でいえば「連れだって行こう」であり紀州弁でいえば「連れもって行こら」です。筆者はこのことばを三高に入学し，和歌山から来ていた生徒から耳にして覚えました。これは民衆のしかも地方の日常語にちがいありません。しかしそれはとにかくLet's goはLet us goのことです。この文は命令法ですが単なるgo！と区別して間接命令法といわれます。これは「汝なすべし」という高圧的な表現とは区別されます。usはweのことですから，そこにはみんないっしょにやろうという仲間意識，平等意識が含まれています。このことは好ましいことですが，「赤信号みんなで渡ればこわくない」ということになれば危険です。民

主主義にはやはりわれわれ全員が正常な知識をもつことが絶対的な条件なのです。

Ⅲの叙実法は，事実を淡々と報告するときに使われます。社会学者が開発し，愛用する語法です。観察が偏見なしにそして緻密におこなわれれば，その報告は確かに信頼に足るといえます。しかし問題はこうして得られた情報を誰が利用するかという点です。庶民が科学知を広く利用できることが好ましいのと同様に，正確な情報も一般人に容易に入手できるような体制を整えるべきです。独裁政権は必ず情報を独占し，一般人には秘密にして自らの地位を死守しようとするものです。そうした行動に気づかず放置しておいた結果がどういうことになったかは歴史を調べてみれば十分察することができるはずです。

Ⅳの叙想法に入ります。叙想法とはある事柄を事実としてではなく想念として述べる手法であり，英語ではthought moodといわれているものです。もちろんこれは叙実法と厳しく対立します。これは理念法ともいえるもので，近世の多くの哲学者たちが使った手法ですが，そうした哲学は決して第一級のものということはできません。

最後に名詞の列に入ります。ヨーロッパの哲学にはいろいろの種類があります。ですからそうした哲学を自分の信条としている人びとの種類もいろいろあります。これまでに哲学の手法を4種類だけ紹介しましたが，それら4種類の手法の担い手を順に挙げてみることにします。

Ⅰの特権的weを使うのは自らを特別の存在だと自負している人間です。世俗的な人としては「立派なお方」がそれに当りますが，世俗の人間には寄りつくことのできない高貴なものに心酔して一生を送るという哲学者もⅠに入れてよいでしょう。しかし彼らはweを

使うからには自らは孤高の人間であると思っていますが、そのまわりに多くの追随者をもっていることも確かです。ここまでいえばIに属する哲学者としては、パルメニデス、プラトン、ハイデッガーの名を出してもよいでしょう。

IIの普通人的weは「八さん熊さん」であり、アリストテレスがa this manという独特の哲学用語をつくってまでしてとり押さえたかった種類の人間です。これは前に十分論じてきましたからくり返しませんが、このweの創始者はアリストテレスであり、彼はこの種の人間から出発してデモクラシーの哲学をつくり出したのです。

IIIの3個の人称代名詞は叙実法で書かれた文章の主語として使われますが、これらの代名詞はthis man, that manという名詞を支持する場合に使用されるものです。こういうジャンルの用語を使って観察文を書く人なら職業的な学者や記者に限らずあらゆる庶民もIIIのメンバーに入れることができるでしょう。しかも日記であれ、自伝であれ、フィクションでなしに真実を記録するものであれば庶民の歴史が書かれる場合の基本資料としてぜひとも必要なものなのです。しかし哲学者となればハイデッガーの例でもわかるように、いったんは庶民の生活の記録にまで舞い降りて来るもののそれに満足せずまた舞いあがるという困った行動パターンをとってしまうのです。

IVのIつまりegoは哲学者が理念の理論つまり観念論を組み立てるときにその主人公として設定したものですが、このような主観的なIは観念的な私であり観念的な人間 (subjective man) といえます。そして自らもそうした観念的な私として仕事をする哲学者もまた主観的な人間であり、観念的な人間であり、れっきとした観念論者なのです。ここまで述べてくればそうした哲学者たちはデカルトの落し子だとお気づきになるでしょう。ここでまたハイデッガーを引き

あいに出してみますが彼は観念論を極度に嫌ったのであり，そうした観念論に対し自らの存在論を対置したのです。

　以上で哲学の最優秀者選びの候補が整いました。そこで選定に入ります。哲学の選定ですから論理学，数学，自然科学は始めから除外しておきます。やはりいちばん多く同意を得られそうと思われるⅢの叙実主義をとりあげましょう。するとⅠとⅣの両方を撃退できます。というのもこの二つとも哲学としては有名ですがその足もとが不確かですから攻撃されれば敗色濃厚です。しかしここで急いで叙実主義に勝利させてはなりません。というのも叙実主義自体には行動目標が存在しないからです。そこで目標を与えることになりますが，この場合もちろん独裁者による悪用は防がねばなりません。だとすれば残るところはⅡだけでして，それはアリストテレス路線に他なりません。しかし民主主義体制をつくる可能性をもつこの哲学は全くといってよいほど知られていません。筆者がそうした哲学を掘り起こして喧伝しようとしているのも，もっと鮮明にデモクラシーの正当さを基礎づけ，推進する哲学が見当たらないからなのです。だとすればお前たち哲学者たちはなにをして来たのか，そしていま現在何をしているのかと問い詰められれば筆者も含めて恥じ入る他はありません。

　こうした現状を認めたうえでとるべき道は堅実なデモクラシー哲学を新しくつくり出すことしかありません。しかし筆者にはもうその時間が残されていません。ですからこうした失態に陥った過去の哲学を悔恨を込めて振り返るしかありません。そういうわけでこれからも欠陥をもつ過去の哲学の吟味を続けることにいたします。

　図24（146頁）でⅠ（ego）の哲学をけなしました。そこでその理由を詳しく述べたいと思います。図25の主役はⅠ（ego）です。これは図24を引き継いだものです。ここで再び文法的構造が介入します。

上段は文法の領域ですのでどちらも文法用語が使われています。しかし下段は哲学用語です。したがって図25は哲学がここでも文法にひきずられて生まれたという現象の一例といってよいでしょう。図25の四つの単語はどれもよく似ています。しかしそれぞれの意味は図25の構造に従って区別しなければなりません。ところで下段の哲学用語の意味ではどちらも落ちぶれた感じがします。まさかデカルト自身の哲学がそんなにひどいものであったわけではありませんが，デカルト哲学にも賞味期限があるのはやむをえないことといえます。

　デカルトは有名なことば「我考える。ゆえに我あり」をラテン語でCogito, ergo sumと表現しましたが，フランス語ではJe pense donc je suisと表現しています。cogitoは古代でも使われていましたが，デカルトで有名になったことばです。ちなみにcogitoのco-は「とともに」という意味ではなく「精神を集中して」という意味です。

　cogitatioという語はその後の哲学界ではほとんど使われませんでしたが，penser（考える）という動詞はpensée（思考）という名詞とともにフランス語では哲学でも世間一般でもよく使われました。まずはフランス哲学の独立といってよい現象でしょう。しかしこの現象はそれだけでは留まりませんでした。なんとpenséeという語はphilosophie（哲学）からテイクオフ（離陸）して「思想」という新しい

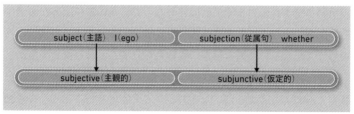

図25

分野が生みだされのです。この現象はパスカルの「人間は考える葦〈roseau pensant〉である」という名言によっても裏づけられます。

　パスカルの著作であるパンセ〈Pensées〉という題名は彼が使ったものではありません。彼の死後8年くらい後に『パスカル氏のpensées〈断想〉』として刊行されたものです。パスカルといえばキリスト教への劇的な回心で有名です。そして彼は終生信仰をもち続けました。しかし彼は決して宗教者としての仕事だけに専念したわけではありません。それと同時に哲学的そして思想的な仕事をもなし遂げました。彼の場合思想的な仕事としてというよりも凡人たちの生きざまの鋭い観察だといってよいでしょう。宗教の問題に没頭しているうちに，街頭の人間を目にしこちらの考察も面白いものだと気づいたのでしょう。

　こういうわけでパスカルの『パンセ』の内容はキリスト教の護教の内容と人間観察の内容の両方がみられます。しかし忘れてはならないのは彼が『パンセ』の断章の中で「幾何学的精神と繊細な心の違い」を力説しているという事実です。パスカルは数学史上でもパスカルの定理として名を残していますし，物理学史上でもパスカルの原理として，また気圧の単位として名を残しています。ですからパスカルが幾何学的精神が何たるかを知っていたのはもちろんですしそれは余人にも理解できます。ところが彼は他方では人間たちの行動にも目をやり，そこに潜んでいる別の原理を探っていたのです。しかしさすがに後者の原理は機微に属する難しいものであり定理化あるいは原理化に至っておりません。繊細な心の持主にはわかっていたかも知れませんが，余人には理解不能としか言いようがありません。

　パスカルという多才な人物に対する評価は人によってまちまちであることは当然です。しかし筆者としてはやはりアリストテレスと

デカルトの仕事を思い出します。というのもアリストテレスは存在論の哲学から論理学を抜きとり三段論法をつくり，それを単なる道具だと称して庶民の生活を応援したのです。次にデカルトは確かに立派な哲学をつくり出しましたが，やはりその中からデカルト幾何学を抜きだし科学者に有用な道具として提供しました。思想家パスカルは，幾何学的精神と称して数学および物理学をも思想の中に含めたいと考えたかもしれませんが，幾何学も物理学もそんなことにおかまいなく独立し，しかも哲学でも思想でもない単なる道具と化してしまうのです。

　ここで唐突かもしれませんがhomo faber（ホモ・ファベル）という有名なことばをもち出すことにします。このラテン語は文字どおりにとると工作的人間という意味です。しかし実は「道具をつくる人間」の省略形でして，ベンジャミン・フランクリンがtool making animalという英語と併用して使ったものです。

　人間は労働にさいしてはまず手足を使います。次に工具をつくってそれを使います。さらに言語をも道具として使いますが，ついには数学や論理学そして科学を道具として使うようになります。実際，フランクリンは科学にも興味をもち，フランクリン・ストーブを発明しただけでなく，凧を飛ばして電気の研究をもおこなっています。しかしフランクリンはそれだけでなく，むしろその本領は庶民のための処世訓である『貧しきリチャードの暦』を刊行し，さらにはアメリカ連邦憲法制定会議に参加しアメリカ民主主義の基礎をつくる仕事をしているという点にあります。彼は渡仏してヴォルテールなどと交友していますが，フランスの啓蒙主義者よりずっと民衆に近い場に身を置いたのであり，アメリカ的民主主義を哲学のことばではなく民衆のことばで表現したといえるでしょう。こうみて来ますと，現代のアメリカが民主主義国の代表者であると目されているこ

とも納得することができるでしょう。

　以上のようなアメリカのフランクリン流のデモクラシー指向の思想に較べますとフランスの啓蒙主義者は落第です。彼らは愚民を啓蒙してやるということを使命と心得ています。しかしそういう上から目線で臨んでいる限り，民主主義の思想などは生まれようがありません。

　フランスの民衆を見くびってはいけません。彼らは啓蒙主義者の議論など必要としていません。彼らはずっと古くから営々と農業に励み，村落共同体をつくり，彼らなりの生活を営んで来たのであり，そこから彼らなりの考え方が生まれるのは当然です。もちろんこの考えが始めからはっきりした民主主義の形をとっているわけではありません。しかし自分たちの大切な共同体を収奪者から守り抜き，さらにこの目的のためには同じ境遇にある近隣の共同体と連合するということが必要となります。そしてここから自分たちの共同体は自分たちの手だけで守り，そのうえで自分たちの利益を増大させる組織をつくり出すという方向に向かいます。そして民主主義国家というものはこういう形でつくられていくのです。

　以上のことから，デカルトの始めた哲学は民主主義国家をつくるような哲学にまで成長することは絶望的です。そこでこんどは，フランスの隣国のドイツ哲学に目を転じてみましょう。しかしその前に，デカルトの影響の大きさを改めて復習してみます。デカルトのcogitoはフランスではpenséeという形で継承され哲学と代って思想というものを生み出します。しかしこのpenséeはイギリスではthoughtとなり，ドイツではGedankeとなります。これはデカルトのJe penseが英語ではI thinkとなり，ドイツ語ではIch denkeとなるからです。思想ということばは日本国憲法19条の「思想及び良心の自由はこれを侵してはならない」の中にも使われています。そ

してこの思想は英訳ではthoughtとなっています。

　このように思想ということばが哲学ということばを圧して人気があるのに反しドイツの事情は異なります。ドイツ語にはGedankeということばがあることはあるのですがほとんど使われません。そしてこのことはドイツ哲学がフランス哲学とは異質であることを示しています。

　そこでドイツ哲学の話に入りますが，ドイツ哲学はデカルト哲学の影響下には入りません。それとは異なるもっと古い体系をもち続けています。だからラテン語のintellectus（叡智）—ratio（理性）—sensatio（感覚）の三つ組を使います。しかもこの三つには尊卑の順番がつけられています。哲学の世界にも身分制が働いているのです。

　ドイツ哲学はこのようにその種本はラテン語で書かれていますが，もちろんそれはドイツ語に翻訳して使われます。ところがその翻訳語が混乱しているのです。中世のエックハルトの訳とカントが新しくおこなった訳では順位があべこべになっています。従ってカント以降はあべこべの旧訳と新訳が併存することになり，混乱を来たします。しかし幸い日本語ではそんなことはありませんから，叡智と理性という二つの語に決めておきます。

　さてあべこべをやったカントですが，それまでのドイツ哲学全体にも大変革を加えます。しかしカント哲学の紹介は止めておきます。カントは大変革をおこしはしましたが，それは大混乱を招くことになり，この混乱を収めるために多くの後進たちが悪戦苦闘し貴重な人生を費やすことになりました。しかしその混乱をなんとか収めたのはカントより46年遅れて生まれたヘーゲルだったのです。カントがおっ始めた大騒動についてはそれを述べてもさして得られるところがありませんので省略し，収束者のヘーゲルについてだけお話いたします。

さきに紹介した二つの日本語の叡智と理性を使いますと，カント
は叡智を批判はしましたが，それを捨て切れなかったのに対し，ヘ
ーゲルは叡智を見限ってはっきりと理性の立場を選んだといえます。
両人のこうした布置は，プラトンとアリストテレスの対置の第二ラ
ウンドといってよいでしょう。プラトンは天上を眺めました。しか
しアリストテレスは地面を見つめました。カントは散歩ぐらいはし
ましたが生涯大学と自宅の書斎で過ごしました。他方ヘーゲルは馬
上のナポレオンを見て，政治にめざめました。哲学者としてどちら
のタイプが好ましいかは人によるでしょうが庶民はやはり自分たち
に身近かな教説の方に耳を傾けるでしょう。

　天声人語という出所不明のことばがあります。これは天から声が
降ってきてそれをとり継いである人間が語るという意味にしかとれ
ません。しかしヨーロッパではVox populi, vox dei（民の声は神の声）
という箴言があります。民衆の声を神の声だと思い，権力者は輿論
に耳を傾けよという意味です。民衆が自分の力でしっかりした意見
をまとめあげるのがベストですが，民衆が民衆よりの思想に好意を
寄せるのは当然です。この点からいえばプラトンの貴族的な哲学よ
り，庶民の立場を代弁してくれるアリストテレスの哲学の方に民衆
が好意を寄せるのは当然です。そこで先輩格のアリストテレスの哲
学からみていくことにします。

　まずアリストテレスの本格的な哲学から始まります。それはdy-
namis―energeia―entelecheiaの枠組です。この枠組は論理学的
な構造ではありません。むしろ文法的な構造を参考にしたものとい
えます。論理学が得意なアリストテレスもセカンド・ベストである
文法学に頼ったという例は彼の著作にいくらでもみつかります。こ
こで文法といいましてもギリシア語の文法であり，ギリシア語の属
する印欧語の文法のことです。

印欧語の動詞には日本語には見られない独特の性格があります。そしてそれが時制と相（アスペクト）であり，動詞はこの二つを兼ね備えることができます。さて時制には過去，現在，未来の三つがあります。他方の相には未完了相と完了相があります。ですから合計で3×2＝6通りのバラエティがあります。現在についていいますと未完了相現在（進行形現在。〜しつつある）と完了相現在（現在完了。〜し終った）の二つがあります。そして未来についても未完了相未来（〜しつつあるだろう）と完了相未来（未来のある時点で〜をし終えるだろう）の二つがあります。

　こうした文法概念を使いますとアリストテレスのenergeia（現勢態）は現在進行に相当しentelecheia（完成態）は未来完了に相当するでしょう。しかしこの二つを結びつけるにはなお目標という概念が必要です。そしてこの目標はentelecheiaの中にあるtelos（目的）が引き受けます。現勢態は進行形を意味しますがこれがスタートからフィニッシュまでを分担します。そしてフィニッシュは完成態が分担します。このようにして思考のマラソンは終了します。しかしマラソンというものは始点と終点を結びつけるだけという単純なものではありません。マラソン競技を無事終らせるには裏方が必要です。これがdynamisつまり潜勢態です。これは文字どおり隠れてはいますが隠然たる力をもっています。dynamisはラテン語ではpotentiaと訳されますがこのラテン語は能力，支配力という意味をもちます。そして物理学でいうポテンシャル・エネルギー（潜在エネルギー）ということばも以上の事情をよく教えてくれます。アリストテレスの思想体系は目的論的だという批難は多く見られます。しかし彼の目的論は例えば高い木の葉を食べるためにキリンの首が伸びたというような安易なものではありません。

　アリストテレスは現勢態と完成態の区別を文法にひっぱられてつ

くったのかもしれません。しかしあるいは数学を参考にしたのかもしれません。

　図26はマラソンのグラフです。ただし選手は等速で走るものとします。マラソンの距離は1,000mと決めます。すると左のグラフはs＝atとなり，右のグラフはs'＝1,000－atとなります。左のグラフはすでに走った距離を表し，右のグラフはこれから走らねばならない距離を表します。そして二つの式からもちろんs＋s'＝1,000が成立します。二つの式のaは速さを示しますが定数ですから等速となります。

　以上の準備をしますと，現勢態はs＝0からs＜1,000までと表現でき，完成態はs＝1,000と表現できます。

　図26はシンプルですが，ゼノンはこの図を使って無限接近のテクニックを展開します。そしてアリストテレスはこのことも熟知し

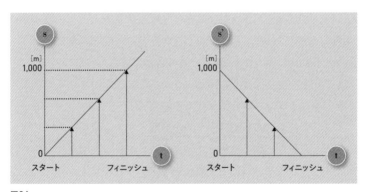

図26

アリストテレスの哲学	｛目的達成論、ポリス形成への理性関与｝
ヘーゲルの哲学	｛終点到達論｝＋｛国家形成への理性関与｝

図27

ていました。

　以上でアリストテレスの哲学の核心がつかめたとして，ヘーゲル
の哲学に移りますが，話を簡略にするために図27を用意しました。
図の上段と下段とを較べますと，上段は一かたまりだけですが下段
は二かたまりがプラス記号でつなげられていることに注目してくだ
さい。さてアリストテレスの哲学の構成は現勢態と完成態の組み合
わせからなっています。そしてこの二つは現勢態が完成態を目標と
して運動するという関係で固く結ばれています。だからそれは目的
達成型といえます。

　次にヘーゲル哲学の構成ですがヘーゲルは近代の人間ですからデ
カルトの始めた機械論の洗礼を受けています。これは幾何学応用主
義ともいえます。ヘーゲルの時代にはもちろん機械論は独立した主
義として幅を利かしています。ところが機械そのものは生物ではあ
りませんから目的はもちません。そこからは目的達成論ではなく単
なる終点到達論しか生まれません。さて哲学者ヘーゲルは機械論に
は満足できませんでした。しかしだからといって機械論を全面的に
拒否するわけにはいきません。それゆえ残された道はこれにプラス・
アルファをつけ加えるしかありません。そしてこのプラス・アルフ
ァをアリストテレスから学びとったのです。

　アリストテレスの目的はポリスの形成です。このポリスはプラト
ンの唱えた理想国家ではありません。現実世界に実現されるべき国
家です。しかもそれは民主主義国家が望ましいのです。カントと違
って現実政治に強い関心をもっていたヘーゲルはこれに飛びつきま
した。ところがそうはいっても両者の違いは巨大です。しかしヘー
ゲルはそれにひるまず読み替えを強行します。アリストテレスでは
ポリスの道は家→村→ポリスへと続きます。それをヘーゲルは家族
→市民社会→国家に置き替えます。しかし悲しいことに彼の国家と

は民主国家ではなくプロイセン帝国だったのです。

　このようにヘーゲルもアリストテレスに倣って哲学の目標を一個人の生き方如何というものに置かず，家族共同体から国家共同体へとつながる人間共同体のあり方如何の問題に定めました。しかしアリストテレスの民主的ポリスとプロイセン帝国とでは一致せず，かけ離れてしまったのです。しかしそうだとしてもなぜそんなことになったかは解明する価値があるはずです。

　ここで新しく「理性」という概念を導入することにします。理性はもちろん叡智と対立します。そしてアリストテレスもヘーゲルも叡智から一ランク下る理性へとシフトしています。ですから両人とも理性主義者といってよいと思います。

　「人間はポリス的動物（political animal）である」とはアリストテレスの有名なことばです。ここに出てくる英語を「政治的」と訳してはいけません。「政治的」ということばは政治で飯を食っている政治屋のような感じを与えますがアリストテレスのことばは「いかなる人間もポリスと関係をもつ動物である」という意味です。ですからそういう人間を政治屋に独占させてはいけません。「民衆を含めてのすべての人間」の意味とし，さらに「民衆が主体となったすべての人間」という意味にとらねばなりません。

　ギリシアには「人間はポリス的動物である」と並んで「人間は理性的動物である」ということばがあります。この二つを並べると後者の方に普遍性がありますが，ここで二つをまとめて「人間とはポリス形成を理性的におこなう動物である」としましょう。するとアリストテレスはまさにこういう至極当然な基盤に立って至極当然な哲学を築いた人といえるでしょう。

　次にヘーゲルに移りますが，ポリスと国家は大きく離れてしまったということは前述のとおりですが，理性の方はどうでしょう。理

性はギリシア語ではlogosといいますがここからlogicという英語が
つくられます。また，syllogismという英語もつくられます。しか
し両語とももちろんギリシア語としてではありますが，すでに古代
ギリシアには存在しました。しかし論理はロゴスの哲学からの抜き
とり行為です。理性はラテン語ではratioですが，ここからreason
という英語が生まれました。これはただの置き換えです。しかしほ
かにも reasoning（推論），ratiocination（推論），ratio（比，比率）がみ
られます。そしてどれもが抜け荷のくちです。

　アリストテレスの合理論は以上のような流れに沿うものです。し
かしヘーゲルの合理論は違います。ヘーゲルは論理学も数学も学ん
だはずですがどちらにもそっぽを向きます。そして dialektic（弁証法）
なるものを編み出しそれをあたりかまわず使いまくります。弁証法
ということばは古代ギリシアにもありましたが単なる対話法といっ
てよいもので論理学以前の素朴なしろものです。しかしヘーゲルの
弁証法はそんなものではありません。常人からみれば高尚で奥深い
ものに見えます。しかしそんな外見に惑わされてはなりません。こ
んなものを合理論といいますとほんとの合理論が泣いてしまいます。

　ヘーゲルはかけ離れたAとBをせっかちにもAはBなり，BはA
なりと短絡させてしまいます。そして勢い余ってA＝$\overline{A}$とまでいい
出します。弁証法といえば日本の有名な哲学者である西田幾多郎が
「一即多」を弁証法を代表する命題としました。多くのお弟子さん
たちはただ拝聴しましたが，ある骨のあるお弟子さんがそれは「い
っしょくただ」といって反抗しています。

　このようにヘーゲルの弁証法も西田の弁証法も鬼面人を驚かす無
茶なことを正面に押し出しましたが，分析論理の立場からそれを一
笑に付してはいけません。発言の字面にだけとらわれないで，それ
を分析にかけることが必要です。するといいことをいっているかた

だのこけおどしかが判定できます。ですから弁証法的表現はいわば手間を省くための速記法（shorthand）だとしておきましょう。ちなみにshorthandedは手不足という意味でしてshorthandはそれを補うための発明品なのです。

ヘーゲルの使った弁証法的表現を紹介しましょう。「未完了で進行中の働きは即ち完了した働きである」,「（現実離れした）理性は現実であり（理性離れした）現実は理性である」。

これは仏教用語を使えば「即の論理」といわれるものです。仏教には「一即一切」とか「一即十」という表現があります。そういえばギリシアにも「hen kai pan（one is all）」という句があります。だから「未完了は即ち完了」という表現つまり「energeiaは即ちentelecheiaである」という表現は日本語でいえば「渋柿がそのまま甘柿となり終る」に近いかも知れません。

こう見てくるとヘーゲルの弁証法はレトリックといえるかも知れません。しかしそんなものに感心している暇はありません。暗号ならぬ速記用記号を復元しなければなりません。そしてその作業の結果つくり出されたのが図27なのです。

ヘーゲルが弁証法という厄介なものを使うことはたかが道具の問題だからとがめないでおきましょう。彼の真意を見つけだすことが可能なのですから。そこでヘーゲルのいう理性とはどんなものかを考えてみます。しかしその準備として，ヘーゲル哲学を含めた7個の思考体系を羅列した図28をつくってみます。そしてこの図を使いながらヘーゲルの理性なるものの正体を浮かびあがらせることにします。

本書の目的はデモクラシーの哲学的解明ですがそのためにデモクラシーの一応の定義としてリンカーンの名句「government of the people, by the people, for the people」の日本語訳「人民が人民を

人民の手で人民のためにおこなう政治」を叩き台にします。この日本文を5つの部分に分け，この5項目に適切な単語を与え，総計で7個の文をつくったのが図28です。

　この図の簡単な説明を順にしておきます。

　1　ホメロス神話。トロイ戦役ではギリシア方とトロイ方が二手に分かれて戦いますが神がみも思い思いに二手に分かれて応援し，共に戦います。神は人間を助けはしますが，命令まではしません。こうした人神の水平関係はのちの時代となると上下関係となり，ついには神が人間を操るようになります。それは人形使いが人形を操るのに喩えられます。

　2　アリストテレス哲学。神など出る幕のない人間だけの世界が対象となります。アテナイの場合はポリスのすべてのメンバーが誰にも支配されることなく自分たちが自分たちを自分たち全員の幸せ

		〜が	〜を	〜の手で	〜のために	支配する
1	ホメロス神話	神々が	ひいきの軍勢を	神の手で	ひいきの軍勢のために	助ける
2	アリストテレス哲学	ポリスの全員が	全員を	全員の手で	全員のために	統治する
3	キリスト教	唯一神が	キリスト教徒を	神一人の手で	キリスト教徒のために	支配する
4	ゲーテ哲学	自然が	すべての人間を	自然の手で	目的なしに	動かす
5	ヘーゲル哲学	一つの理性が	全国民を	理性の手で	全国民のために	支配する
6	独裁制	一人の人間が	全国民を	一人の手で	一人のために	支配する
7	民主制	全国民が	全国民を	全国民の手で	全国民のために	統治する

図28

のために合議し議決し，それを実行します。彼らのやっていること
はリンカーンのやっていることと同じです。

3　キリスト教では唯一神が万人を支配することになっています。
人間は神に逆らえません。逆らえば悪魔とされ恐しい仕打を受けま
す。神と人間の間には侵すことのできない上下関係があります。人
間は神のしもべ(servant of God)といいますが，これは宗教的用語で
して，下僕や奴隷という意味ではありません。「人は画策し，神が
決定する」という諺があるように人間は発議はできますが決定権は
神にあります。これはもちろん独断であり，独裁です。異教徒から
見れば神の統治範囲はキリスト教徒に限られます。そして神が恩恵
を施すのはキリスト教徒に対してだけです。世界どころか宇宙全体
が神の摂理によって支配されるといういい分はキリスト教徒の間に
だけ通用する命題です。

4　ゲーテはヘーゲルより20歳年長であり，ヘーゲルも何回か会
って話をしています。そのゲーテは青年期になって，キリスト教の
信仰から距離をとります。そして神の代りに自然を生きる拠り所と
します。ただし彼の自然は神聖を帯びた自然です。自然は神と違っ
て，人間に対しうるさく干渉しません。人間は自然を頼りにはして
いますが，伸び伸びと人間らしい活動を発揮して生きることになり
ます。

5　ゲーテは神から離れ自然をその代りにかつぎましたが，哲学
者ヘーゲルも神から離れプロの哲学者らしく理性をもちだします。
しかし彼は現実の政治状態にも敏感に反応し，理性が人間の共同体
を導き，ついには国家共同体にまで引っ張っていくと考えました。
しかし残念ながらその国家は現に存在するプロイセン帝国だったの
です。

6と7　**5**までで哲学は終ります。そして独裁制と民主制は現代

の問題です。もちろん独裁制はシーザーやナポレオンによって採用されました。しかし，20世紀から21世紀の独裁制ほど整備されたものでありませんでした。

　図28では独裁制と民主制の違いを一人の独裁者と全国民というキー・ワードでとらえました。そこで少し寄り道して一と多という問題を考えることにします。一と多は最後には数学の問題になりますが最初は文法から入ります。日本語にはありませんが，印欧語には単数と複数があります。英語で言いますとbookとbooksの違いです。このことからひとは一と多の峻別を強いられます。どちらでもないといってごまかすわけにはいきません。こうした文法レベルの一と多の話は数学レベルにももちこまれます。ギリシアの数学にはゼロはありません。ゼロの発見はもっとあとからの話です。

　東海道五十三次は江戸から始まりますから出発地点はゼロです。最初の宿場は品川です。宿場ということから考えますと第一番目の品川から始まります。江戸は勘定にいれません。ギリシア人の考えも同じであり，彼らは数の出発点を1としました。そして1から始まる数列を自然数と呼びました。彼らはこの自然数には基数と序数の別があることも知っており文法段階で明確にしております。それがone, two, threeとfirst, second, thirdの区別です。両者はまぎれようのない違った語形をもっています。ギリシア人はこれを自然数と呼びましたが，20世紀の数学者クロネッカーはこれを造物主がつくった数だといいました。彼の思想は広く受け入れられましたが，神つまり造物主といった考えの存在しない日本にも伝わり，小学生は一からの出発つまり「数え主義」の思想で書かれた教科書を使わされたこともありました。

　こうみてきますと文法の単数と複数は数学の自然数と重なりあいます。すると数学も文法に引っ張られて一と一より多い数という二

分割がおこなわれます。そしてこれは一と多の間の厳しい対立を招きます。

　一と多の対立は哲学の世界ではあまり厳しくはおこなわれませんでした。ギリシアでもずっと古い時代では「全体は一なり」ということばも見られ，神秘主義者から愛好されていました。仏教でも同様であり，こうした思想を受け継いだ西田幾多郎も「一即多」をもちだしこれこそ本当の弁証法だと唱えたこともあります。しかしそうした主張は通常の文法，自然数の数学からは逸脱するものとしてかかわりをもたないことにしましょう。

　単数と複数の峻別そして一と二以上の数との峻別の考え方は日常生活でも見られます。「仕事は大勢，喰物は小勢に限る」という諺があります。仕事は一人でやるより大勢でやる方が効果的であるのは百姓の立場です。こちらは生産の問題です。しかし喰うという方は分配の問題です。分配は平等分配とか比例分配とか強奪のケースに分かれて複雑になりますので触れないでおきます。しかしまじめな生産については一人より多数の方が優位に立ちます。そしてこれは民主制の正当性を意味します。

　英語の辞書を引いてみましょう。すると *hoi polloi* という単語が出てきます。この妙なことばはイタリックになっていますから英語ではなく，ギリシア語です。この単語には民衆と愚民という二つの訳がつけられています。民衆を頭から愚民ときめつけるのはおえら方の常ですが人を馬鹿にしてはいけません。民衆は民衆なりに独自の知識をもっています。そしてそれは常識という知恵です。しかし知識の方はさておき，大衆はなんといっても大勢です。そしてこれが民主主義を支えるのです。

　こうして民主主義が"多"によって支えられているとすれば，これに対して"寡"つまり少人数を支えとするのが独裁制です。これ

は政治体制における一と多の対立ですが，甚だ厳しい対立です。そして独裁制は民主制の不倶戴天の敵だといわねばなりません。

　以上は図28の**6**と**7**の対立を一人と全国民という数の論理で説明したものですが，数学にはもう一働きしてもらわねばなりません。数には自然数の他に連続数があることをギリシア人も知っていました。そしてこちらの方は図28の目的の部分に関係します。**1**の目的は戦に勝つことです。**2**の目的は民主主義国家をつくることです。**3**の目的は神の国をつくることです。**4**の目的は神の支配から自由になって自然の人間として芸術生活を営むことです。**5**の目的はやはり神から自由になってこんどはそれに代る理性の国をつくることです。**6**の目的は堅固な独裁体制づくり。**7**の目的もやはり堅固な民主制づくりです。

　このようにいろいろの目的をずらりと並べましたが一般論として目的行動には兎と亀の競争のようにスタートとフィニッシュがあります。もちろん両者の間には一定の距離が存在しますが，これは連続体です。兎はぴょんぴょん飛ぶので非連続な運動のように見えます。実際一歩二歩というふうに自然数で勘定します。しかし走破される地面は連続体です。出発点から終点まで一跳びということもありえますが，ここではそうした非連続数ではなく地道な連続体を考えます。マラソンは始めはなんということはありませんが目的に近づくと青色吐息です。実に苦しい接近となります。だから中途でギブアップということも起こりえます。極楽までは無茶苦茶に遠い道のりです。

　つい口が滑って宗教にまで逸れてしまいましたので正気にもどります。そして健全な農民の話にもどります。村の鍛冶屋を含めてもけっこうです。彼らは日常の仕事に精を出します。自分の食い扶持のためですが，家族のためでもあります。しかし一家族だけで農業

を維持するのはたいへんですから隣人たちが共同しあい村共同体を
つくります。これをつくったのは自分たちの個々の生活や幸せを守
るためです。そして共同体は一つではなく目的を同じくする複数の
共同体の団結の方が安心です。そうしているうちに最終目標は国家
共同体ということに気づきます。しかしこうしてつくりあげた国家
が内部の不心得者に食い荒らされることを防がねばなりませんし，
何よりも強大な外敵，貪欲な外国からの侵略を防がねばなりません。
神の国の城門には厳重な扉があり，その扉は施錠されています。神
の国でさえそうですから現実の国はもっと警戒が必要です。ただし
こうした地上の国づくりは時間が必要です。ローマは一日にして成
らないからです。そしてこの場面で働いてもらいたい数学が連続数
あるいは連続量なのです。

　こうしてデモクラシーづくりには大衆という数が必要でありさら
に年月という量が必要だということがわかりました。つまりデモク
ラシーづくりは数の数学と量の数学という二つの原理で守られてい
るのです。こうした二つの原理の存在は日本でも古くから知られて
いました。数量と一口にいいますが日本語では数は指折り数えると
いうように「かず」であり数える道具です。これに対し量は「はかる
（量る）」ための道具です。両者は違うことばとしてはっきり使い分
けられています。これは労働の場面でもしっかり応用されています。
労働する人間は数が多いほどよろしい。そしてこういう働き手たち
は共同体をつくります。そして彼らはその一員になります。そうな
ると共同体の数に入れてもらえるかもらえないかが死活問題になり
ます。

　次に連続量の方ですがこれは仕事が「はかどる」のように労働量
を表すため使われます。「仕事がはかばかしく進まない」というふう
に否定形としても使われることもあります。また「はか」は「刈ばか」

というふうに使われますがこの場合のはかは稲刈りをするときに定められた区画のことです。この場合の区画は，おかみが税をとるために決めた畝や段とは別もので，労働に密着した面積のことです。こうして農業は多数の人間が力をあわせ，多量の面積を耕し収穫を増やしていきますが，それと表裏一体した形で，まずは小さな共同体をつくり，それを国家レベルにまで時間をかけて拡大していくのです。

　ここまで話を進めてきたのは面倒な弁証法を使ったヘーゲル哲学の正体を見定めたかったためだったのです。ヘーゲルと何回も話を交えたゲーテは彼の弁証法的議論がわかりにくいことに閉口したと嘆いています。だから筆者はヘーゲルの口説の薬籠から逃げ出し，平常のことばで解析したいと思ったのです。しかしそのためには分析装置が必要ですので図29をつくりましょう。

　前に（158頁）ドイツ哲学はintellectus―ratio―sensatioの三つの身分制から出発したと述べました。つまりこの三つは上中下という階層性をつくっているというわけです。実際の身分制はフランス大革命で崩壊します。哲学もまたそれと歩調を合わせて崩壊し，その結果図29のような体制をとります。そしてこれは三者が左方から右方へと移行していくというふうに図示されます。移行ということばを使ったのはその変化が革命といえるほど劇的でないことを意味

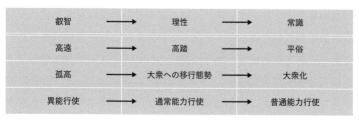

叡智	→	理性	→	常識
高遠	→	高踏	→	平俗
孤高	→	大衆への移行態勢	→	大衆化
異能行使	→	通常能力行使	→	普通能力行使

図29

します。図29は一見して哲学の品格が段々落ちていくように見えますが，そうはならずにむしろ哲学が健全化していったと考えてください。

　さきほどから三つのラテン語をことわりなしにもち出してすみませんでした。おそまきながら三つのラテン語のもともとの意味を説明いたします。

　①intellectus.　この語の動詞形はintellegoでinter（内に向かって）lego（眼光を貫き透す）という意味です。interは間でなしに覆われているものの内部という意味でしてinが使われるintuition（直観。内部を見通す）と同じ意味です。これらはむずかしくいえば真相を見抜くことであり，俗世間では透視といわれるものです。ただしその中味についていえばすばらしいお宝が見つかる場合もありますが，哲学の場合も透視術の場合もつまらぬものである確率が高いことも確かです。しかしどちらにせよそういう人びとは異能の人と見られ，そうした種類の哲学者を尊敬する人たちがいることも事実です。

　②ratio.　この語はいちおう英語のreason（理性）やrationalism（合理論）の意味にとってよいでしょう。

　③sensatio.　これは図29の最終局面に位置しますので丹念に説明します。この名詞のもとになるsentioという動詞から検討を始めます。この動詞は「見，聞き，知る」のうちの見る，聞くだけを意味します。見る，聞くは他の感覚に合わせて五感といわれます。第六感があるとか「勘」つまり特殊な感覚（センス）があるという人もいますが，そちらにはとりあわないことにします。

　さきほど見る，聞くだけでストップするといいましたが，見る，聞くは「知」へと向かう傾向をもちます。見る，聞くが知の座に移り住み，知の位置を乗っとったといいえばいいすぎかも知れませんが，知へと移行していくことは確かです。ただし移行といっても叡

智の方への移行でなしに俗知つまり常識への移行という意味です。

　英語にassent（賛成），dissent（反対），consent（合意）という語があります。三語ともsentio（感じる）という語を含みます。そして例えばdissentはもともと違うように感じるあるいは感じられるという意味です。しかしこの語はやがて反対意見を抱くという意味に移行します。そういえば意見とか見解という漢語にも「見る」という語がとり残されています。

　さきに挙げた三語は現在では同意する，反意を表明する，合意するという意味に使われていますが，感覚という意味を尾骶骨としてもっています。しかしながらホモ・サピエンスは尻尾を捨てるという進化を遂げました。感覚はもはや単なる感覚ではなく，常識知として堂々と登場してきたのです。さあ常識の晴れての独立です。もう叡智や理知などなくても単独でやっていけます。叡智や理知に対し常識は科学を道具として使いこなして十分張りあうことができるようになったのです。

　常識は文字どおり通常の人間なら誰にも備わっている能力です。庶民はしょっ中常識を動員しながら井戸端会議や床屋談義をおこなっています。人びとは田んぼ道や街頭でおしゃべりをします。そのとき意見が分かれることがあります。そしてもの分かれになることもあり，そうだそうだとうなづきあうこともあります。話題は下世話のこともありますが，もちろん話は公共のことがらそして国政のあり方にも及びます。こうしてそれは最終的には全員が国事を議論するというデモクラシー体制へとつながっていくのです。

　英語にsentenceということばがあります。もとはラテン語のsententiaですがこの語もsentioから来たことばです。sententiaは最終的に文章という意味に落ちつきますが感覚から始まって「こう感じられる」，「こう思える」，「こう断定する」，「こう発言する」とい

う長いプロセスを終えて最終的には発言を文字化するというところまでいきつきます。こうしてsentenceという語が文という意味に落ちついたのですが，この語は文法で使われる用語です。しかしこれはproposition（命題）という論理学用語の一歩手前だということができます。こう見てきますと論理学の産みの親は無能な叡智よりも感覚だということになり，叡智はお払い箱ということになりかねなくなります。

　図29ではsensatioに対して常識という語を宛てました。このことについての弁明をしておかねばなりません。常識の原語は英語ではgood senseですがこれはフランス語ではbon sens（ボン・サンス）であり日本でもこのフランス語の方になじみがあります。この語ももちろんsentio（感じる）からつくられました。しかしこのボン・サンスはどちらかといえば個人のもつ良識とされています。これは個人主義が旺盛なフランスならではという気がします。しかしほんとうはボン・サンス（良識）よりcommon sense（常識）の方が大切なのです。しかしそれなら常識とはなにかということになりますとこれまた難しいことになり，その解明にはかなりの装置が必要となります。ところで常識にもいろいろあります。非常識といってもよい常識があります。誤った常識といってよい常識もあります。常識がすべて良識とは限りません。そこでいっそのこと常識を健全な考えということばに置きかえることにします。健全ということばはドイツでは常識のことを「健全な人知」というのが習わしですのでそれを参考にしたのです。

　健全という概念を手に入れますと話がうまく進みます。ローマ時代からの金言「Sound mind in a sound body（健全な身体の中で健全な心が宿る）」を利用して図30をつくります。

　図30に使われる水平線はすべて「健全なものには健全な心が宿る」

を表します。これは図の右中央で表示されているように同時存在を意味します。そしてさっきの諺はこの線のために利用したのです。しかしこれだけではなにごとも始まりません。そこで2本のベクトルを使います。これは目的接近を意味します。すると図30の右上の単位三角形がつくられます。図30の左側の図はこの三角形を3個分下から積みあげたものです。下から積みあげたのは身体→家→村→国の列で身体が土台となり，すべてはここから始まることを示すためです。こうして図の左図は二つの健全なるものが協力してつくりだしたものはやはり健全的なものであることを示しています。

　こうして水平関係にある二つの存在の一方は身体から始まる健全な系列でありもう一つの系列つまり健$_2$―健$_4$―健$_6$はすべて心であり心の生みだした「知」ですから，これまた三つとも健全な知ということになります。

　図30のような大がかりの構造をもちだしたのも常識というものをつかまえるためでした。常識は健全な知ですから健$_2$，健$_4$，健$_6$のどれも常識といってよいかもしれません。しかしsound bodyの"sound"とcommon senseの"common"はすぐにはつながりません。

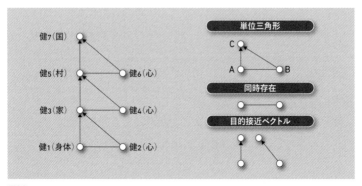

図30

そこで図31をつくってみました。図30の健₁と健₂は諺どおりでは
bodyとmindですが図31ではmanとthinkingに置きかえました。
bodyからmanへの置きかえではeverybodyをeverymanともいい
ますから許されるでしょう。mindをthinkingに置きかえたのは，
thinking（考えること）はmind（心）の働きだとすれば許されるでしょう。

　さてsoundとcommonのつながりですが，健康な人は病人より
多いから健康な人を通常の人，普通の人といってよいでしょう。す
ると普通の人はありふれた人，つまり平凡な人と考えてよいでしょ
う。こうしてsoundとcommonはつながります。するとcommon
manのもつ考えはcommon sense（常識）だということになります。
こうして常識の立ち位置がわかりました。しかしcommonで進ん
できましたからもう一歩communityにまで進みましょう。すると
通常の人はコミュニティの参加者であり彼はコミュニティ運営のノ
ウ・ハウをもっているということになるでしょう。

　ここでもう一つ気にかかることがあります。というのは図30で
身体から家へとは，うまくつながらないのではないかという問題で
す。図30の左の図の健₁，健₃，健₅，健₇はもう少し詳しく，身体，

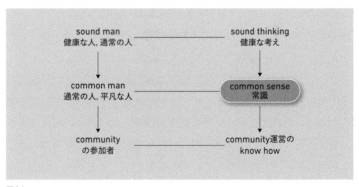

図31

家族共同体，地方共同体，国家共同体と書き替えることができますがこれら四つのことばはすべて“体”で終っています。ところが身体と共同体とでは意味がつながりません。しかしそれが原語ではつながっているのです。

そこで原語にもどしますとhuman body—local body（地方共同体）—body politic（国家共同体）となって家族を除けばすべてbodyが使われています。英語でこんなことになったのはラテン語の責任です。ラテン語ではcorpus（身体）とcorporatio（団体，自治体，会社）はつながっているのです。だから英語のcorporation（団体，会社，法人，自治体）とcorporate（団体，自治体）はそれを受け継いだだけです。もとのラテン語におけるcorpusとcorporatioのつながりは両方とも組織体だという点にあったのでしょう。

以上のことから試みにわが村つまりour villageはどういう変化を遂げていったかを見ていきますと①local body（地方組織）→②local corporation（地方組織体）→③local community（地方共同体）→④local legal person（地方法人格）となります。こうした進行過程の途中でcommunity（共同体）が出現しますが共同体の方が組織としては緊密です。なぜなら共同体のメンバーは共同体に対し義務を果たさねばならないからです。そうした共同体は，最後には法人格をもち，共同体とそのメンバーは権利と義務の関係で結ばれる法的存在となります。

村というものが以上のような存在だとわかったうえで，健全な村の状況を考えてみましょう。すると村には暴力を振るって強盗を働く人間はいないでしょう。そんなやくざものは村には居られないからです。そういうことになるのも村民のそれぞれが健全な考えつまり常識あるいは良識をもっているからです。こうして村は健全な人びとによって構成される健全な村となり，さらに村共同体そのもの

も健全な考えをもって行動することになるでしょう。そしてこれこそが村内デモクラシーであり，地方共同体のデモクラシーですが，この方式が国家レベル国家連合体レベルにまでとり入れられますとデモクラシーはますます広がり，ますます強固となるにちがいありません。

　図30にもどります。この図で身体から共同体に移行したことの理由が解りました。しかし身体のすぐ後に共同体をもってきたのにも理由があります。身体の次に組織体をもってくる方が順序でしょうが，いきなり共同体を据えたのは共同体つまりcommunityが先に述べた①から④までの発展を遂げるに連れて身体も人格になり，legal personへと成長するからです。

　こうして共同体つまりコミュニティの立ち位置がわかってきました。そこで問題をcommunityそのものに集中しましょう。ラテン語のcommunitasはcommunisという語からつくられています。そしてこの語はcon-（みんなで）とmunus（義務）からなっています。具体例でいうなら村民のすべてが村のために義務として労役を提供することを意味します。これは村民同士が労役を交換するのとは違います。全村民が村に対していっせいに村のために労役を提供するのです。これは一方的に思えますが，そうすることで村民は村からなんらかの利益を受けられるからです。ついさっき村民が村のために労役を提供したといいましたが，これは領主に対する労役とは違います。あくまでも村に対する労役であり，その点で村は自治体として完結した存在です。

　村共同体が以上のようなものであるとすれば村共同体の性格はそれより規模の大きい地方共同体へと，そして最後には国家共同体へと引き継ぎながら拡まっていきます。英語にcommonwealthということばがあります。国家という意味です。この語のwealthは富

という意味ではなく単に存在あるいは「体」という意味です。ですからcommonwealthは共同体となりますが，これは国家の意味に使われていますから「最高の共同体」となります。このような国家共同体は健全な個人から出発するものです。支配や納税の便利さによって国家が上から勝手に府県や市町村を決めていくのとはわけが違います。

　図30左図の最下段について考えてみましょう。そこでの身体つまり人間は，共同体のメンバーだと考えていいでしょう。実際communityということばからcommoner, common man, common peopleという語がつくれます。古代ギリシアではpolis（ポリス）からpolites（ポリスのメンバー）がつくられました。英語ではcityからcitizenがつくられますが，古代ではcityは都市国家，citizenは都市国家の国民を意味しました。このように見てきますと人体つまり人間が共同体のメンバーを意味するといってよいでしょう。

　以上のように考えますと図30の最下段の健₁——健₂は「健全な共同体のメンバー——健全な考え」と書き替えることができます。そうすると健全な考えとはなにかが明らかになってきます。

　健全な共同体のメンバーならこう考えるでしょう。自分は共同体のメンバーに属しているから共同体に対して相応の義務を果たし，共同体を内から乱すものとも外から侵すものとも闘うであろう。そして現在の共同体が不完全な場合は強化することに努力を惜しむまい。だとするとそうした考えはデモクラティックだといえるでしょう。共同体のメンバーなら以上のように考えるのが至当であり，健全な考えだといえます。支配者や権力者なら反対するでしょうが，共同体のメンバーであればこの考えこそ健全だと主張するでしょう。そしてこうした考えこそ彼らにとっての良識であり，常識なのです。

　常識は英語ではcommon senseといいます。これはsenseという

語が示すように感覚にもとづく知であり，叡智とも理性とも違います。この二つを見限り離脱した場面で使われるものです。common という語には低俗という意味もあります。しかしこれは特権者が高いところからそう思っているだけでcommon senseこそはcommon peopleがつくりだした誇るべき知なのです。

以上でsensatioを常識と置き換えた理由づけを終ることにします。しかしここでせっかくですから常識について若干のコメントを付け加えておきます。図30では健全な人体つまり健全な共同体メンバーを一人だと設定しました。しかしこれは複数でもいいし，大衆でもけっこうです。健全者が多いほど多数を武器とするデモクラシーにとって有利だからです。全員が同じ考えをもつことは考えられませんが，共同体のメンバーである限り考えは収斂するでしょう。そうすると集積された民衆の意見は輿論となり，力をもちます。しかしこれは健全な大衆の意見ですから独裁者のような独断に走ることはないでしょう。

commonには「ありふれた」とか「流布している」という意味があります。これだとcommon senseは通念ということになりますが，程度の低い通念はほめられません。常識は良質なものでないといけません。常識が自らを向上させるためには科学と手を組み叡智などに頼らないことが望ましいと思います。

常識については18世紀スコットランドの哲学者リードが常識哲学を提唱しました。筆者もこれを高く評価していますので本書の最終部分で紹介するつもりです。

いよいよ近代哲学者であるヘーゲル哲学の最終評価に入ります。途中で長ながとページ数を費やしましたが，これはあらぬ方向に話を向けようとしていたわけではありません。筆者の態度は終始一貫していっさいぶれのないものと思ってください。

ヘーゲル哲学の断罪を図32をもとにして説明します。図32は予め準備しておいた図29（172頁）の枠組を利用しました。だから叡智―理性―常識のトリオはそのまま引き継ぎます。次にプラトン，ヘーゲル，アリストテレスと並べました。歴史的な順序ではありませんが，ヘーゲルが思想的には両者の中間に位置することを鮮明にさせるためにとった処置だと思ってください。さて問題のヘーゲルですが，ヘーゲルに与えられた四角形は三部分に分かれています。つまり一個の矩形と二個の三角形に分割されています。

　順番に説明していきますがプラトンが超理性的な存在であるイデアや真存在を扱う哲学者であることは前に述べたことですから今さらいうことはありません。ここでは黙殺しましょう。次にヘーゲルに移りますが，これは三部分に分かれていますから別べつに説明いたします。

　まず理性の部分ですが理性といえば誰でも耳にしたことのある「理性の狡知」ということばがあります。「理性の詭計」ともいいますし，英語ではtrick of reasonといいます。これは理性なるものは自分の思惑で人間を手足の如く勝手に操っているという意味のことばです。しかしこれほど人間を馬鹿にしていることばはありません。人間が人間以外の存在に支配されているという考え方は人間に対する侮辱です。しかしこの語は理性に対する侮辱でもあります。理性はそん

叡智	理性	常識
プラトン	ヘーゲル	アリストテレス
	理性を扱う	
	現実を扱う ＝	現実を扱う
超理性を扱う	＝ 超理性を扱う	
	↓ 超現実を扱う	

図32

なに悪党ではありませんし，またそんなに高貴なものではありません。だからそんなひどいことをする理性が，理性から合理性つまり論理理性および数学理性を抜き去った抜け殻の理性というべきでしょう。それでも残りものには福があるといわんばっかりに理性の立派な働きは狡知という知にあるというのならなにをかいわんやです。しかしヘーゲルもそれくらいのことはわかっていたとみえて理性の背後に隠れている精神がそうさせるのだといいます。しかし理性よりもう一段高い精神がすることだからやむをえないなどとは思いたくありません。一事が万事というように，精神によって無力化され，さらに合理性によって骨抜きにされたヘーゲルの理性にはもはやつきあう必要がないでしょう。これに較べると数学を大事にしたプラトンや自分で論理学をつくったアリストテレスの方がはるかに勝っているといいたくなってきます。一言にしていえばヘーゲルの理性は立ち枯れの状態にあったといえるでしょう。

　次に左向きのペナント型三角形に移ります。ヘーゲルは確かに現実への関心は旺盛です。彼自身「理性的なものは現実的であり，現実的なものは理性的である」といっています。しかしお得意の弁証法でたぶらかされてはいけません。両者ははっきりと異なるものですから。ヘーゲルは確かに現実世界を扱っています。彼は彼の著『法哲学』で家族―市民社会―国家の系列を主題にしています。これはアリストテレスの家族―村―国家と軌を一にしています。この点は評価に価します。アリストテレスの三つ組はすべて共同体でした。つまりコミュニティです。ヘーゲルも共同体を大切にしました。ヘーゲルは市民社会は共同体（コミュニティ）ではなく単なる共同社会（ソサエティ）と断定しました。しかしいったんコミュニティ態勢から逸脱した市民社会も自らの誤りを認めコミュニティとしての国家に向かうと考えました。そして彼は国家こそは最高の共同体だと断言し

ます。彼のこの考えはアリストテレスと重なることは確かですが，その国家なるものは残念ながら民主国家ではなくプロイセン帝国だったのです。プロイセンが立憲君主制になるのは遥か後になりますが，当時すでに近代的な改革は進められていたのであり，その意味でヘーゲルが単なる独裁擁護者でないことは確かです。

次に右向きペナント型三角形に移ります。そしてここにこそヘーゲルの本音が潜んでいるのでそれをあばくことにしましょう。結論から先に述べますとヘーゲルは図32の上段に位置する理性を見限り下段の右向きペナントへと逃げこんだのです。そしてこの避難場所に「精神」というものを鎮座させました。しかしこの精神というものは哲学史の伝統からいいますと全くのニューフェイスです。このことは精神のもとのドイツ語のGeist（ガイスト）が純粋のゲルマン語であり，ギリシア系のことばでもラテン系のことばでもないことからわかります。そしてこのガイストの中でドイツの哲学者であるヘーゲルの本領が発揮されます。

このガイストはいちおうギリシア語のnous（ヌース。叡智）のドイツ語訳とされています。だとするとギリシア哲学の流れに乗っていることになります。しかしガイストはpneuma（プネウマ。霊）のドイツ語訳としても用いられます。そしてこのプネウマはギリシア本来の意味での用語でなしにキリスト教の用語としての霊，とりわけ聖霊という意味での用語なのです。しかし後者だとするとガイストはギリシアとのつながりから遮断されます。そしてヘーゲルのガイストは後者の方なのです。

Geist（ガイスト）というドイツ語を見てただちに連想されるのは英語のghostという語です。この両語ともゲルマン系のことばであり兄弟関係にあります。ところでキリスト教の大切な教義の三位一体の一つである聖霊は英語ではholy spiritといいますがholy ghostと

もいいます。しかし後者の表現に出くわしますとショックを受けます。というのはghostには幽霊という意味があるからです。まさか聖霊は単なる幽霊だとまでは思いたくありませんがghostの近縁語であるガイストは不可解な存在ではあります。しかしこの不可解さはガイストがキリスト教に由来することばであると考えられれば少しは解消できるでしょう。

　ヘーゲルはガイストをキリスト教の意味あいで使ったのは確かでして，ガイストというとドイツ語を使う限りはドイツ語のガイストがもつキリスト教以前の意味から逃れることはできないでしょう。そしてガイストのもともとの意味とは，人をこわがらせる存在，鬼面人を驚かせる存在という意味なのです。そしてそうとなれば英語のghostと通じあうことも了解できます。

　以上のことから考えますとヘーゲルのガイストはキリスト教の色彩をもつことは確かですが純粋のキリスト教用語ではなしに，ゲルマン語の原意まで込められた独特のしろものだといってよいでしょう。こうしてキリスト教的神学からの哲学の独立という事態が生じるのですが，この哲学がキリスト教の尻尾を残していることも事実なのです。

　ここでヘーゲルのガイストの意味がだいぶ解ってきました。ヘーゲルは近世の哲学者としていちおう理性を表看板として出さざるをえませんでした。しかしヘーゲルの理性は店頭に陳列されている看板商品であり，店に入って食べさせられる本物は理性と違ってガイストなのです。ヘーゲルは自分の哲学をひとまず三分法の積み重ねというスタイルで展開します。これはプロテスタントの哲学者ラムスが開発した純粋の論理学的手法です。この三分法は分類のための手法であり「分ける」ことだけがその目的です。しかしヘーゲルはそれに不満を抱き，二つの分かれたものの間の移動を要求します。

ところがこれは論理学ではルール違反です。しかしヘーゲルは論理学がそんな堅いことをいうなら自分はそんな論理学など捨てて自分流の弁証法をつくり出しそれでやっていこうと決心しました。そしてこの決心の結果が図32の理性から超理性への移動であり，理性からガイストへの移行です。本格的な理性主義者から見ればそうしたヘーゲルは落第生に価しますがヘーゲルはそんなことなどものともしません。

　いよいよ理性の国からガイストの国へと舞台が変ります。これはもちろん神の国ではありません。ヘーゲル独特の新しい国です。そこでこの奇妙な国の内容を紹介していきましょう。

　まずガイストの国のコミュニティ論から始めます。ヘーゲルはコミュニティを大切にします。コミュニティは家族から始まりその最高の形態は国家だといいます。この点ではアリストテレスと似ています。しかし両者の重大な違いを見逃してはなりません。アリストテレスのコミュニティは農村から始まります。しかしヘーゲルのいうコミュニティは実をいえば教会的コミュニティなのです。もっと正確にいえば教会に牛耳られたドイツの農村コミュニティなのです。ヘーゲルはこうした実情から出発しました。しかしヘーゲルは神学者ならぬ哲学者の本分を忘れず，教会民を対象にするのでなしに村民と村の共同体を対象にしました。しかしそれは純粋の世俗的共同体ではありません。ですからヘーゲルの考えた村からは神の国がつくられるのではなく，だからといって世俗の現実的な国がつくられるのでもなく結局精神の国つまりガイストの国がつくられるというところに落ちつくのです

　現在のわれわれから見れば以上のことは理解に苦しみます。しかし現在のドイツにはキリスト教民主党という大きな政党があります。これは日本人にとってもそしておそらくフランス人にとっても奇異

に感じられるでしょう。これは両国とも政治と宗教が分離されているからなのです。だとすれば現在のドイツという国からガイストの国のなんたるかが想像可能かもしれません。

　中世のヨーロッパは至るところ宗教国家ばかりでした。ところが日本でも真宗国家が出現しました。しかしこれが日本全体をおおいつくすことはありませんでした。織田信長がこれをつぶしたからです。日本でも小さいながらキリシタン国家が出現しました。しかし徳川政権がこれをつぶしました。現代でもある日蓮宗系団体が宗教国家をつくろうとしましたが，無事に食い止められました。

　キリスト教国家以外にもイスラム教国家が多数存在します。さらに特別のイデオロギーで支配される国家も存在します。以上のことを考えますと宗教にもイデオロギーにも支配されない世俗国家は貴重な存在に思えてきます。そしてそういう世俗国家を目標としたアリストテレスの哲学は決しておろそかにしてはならないのです。

　ヘーゲルのガイストの国は一国程度では止まりませんでした。世界的なガイスト国家が目ざされます。そのためヘーゲルは世界精神というものをでっちあげました。これは全世界を支配するガイストという意味です。人間を馬鹿にし人間を操るヘーゲルのいう理性は世界精神においてその本性をむき出しにします。それは世界制覇を目ざすものだからです。しかし制覇といってもアレクサンダーやナポレオンがおこなった自分の征服欲にもとづく領土拡張といったものではありません。世界精神にはもっと高尚ではっきりとした目標があります。それは自由の実現です。これは精神自身が自由になるということですが，こうした自由の実現は精神自身が汗を流して実現するのでなく，人間集団つまり諸国家や諸民族を道具として，彼らの手を借りて実現するという横着なやり方です。人間は精神自らの自由の自己実現のおこぼれとして自分たちも自由にしてもらえる

ならそれでいいではないかという考え方もありますが，人間の側からみれば悔しい限りです。精神などに頼らなくても人間だけで力をあわせて自由を自己実現できるのだと思いたくなります。しかしなぜヘーゲルは自由実現に精神という妙なものをもち出したのでしょうか。答えは彼が神の摂理という思考をモデルにしたことにあります。神からいったん離脱したはずのヘーゲルですが，神の摂理を精神の支配という新しい形にかえて復活させたのです。

　ヘーゲルが考えた自由獲得の拡張の順序を紹介しましょう。話は全世界にわたります。第一はアジア世界，第二はギリシア・ローマ世界，第三はゲルマン世界です。ヘーゲルはこういう地域分けをおこなったうえで第一は一人だけが自由な世界，第二は若干の者が自由な世界，最後の第三は全員が自由な世界だと主張します。そして第一の国政を専制，第二の国政を民主制（democracy），第三の国政を君主制と呼びます。しかしこの順序は一→多数→全員という順序で並べただけでして，始めに枠組ありきの欠陥を免れません。というのも21世紀の現在，君主制国家こそ減少しましたが専制国家と民主国家の両方が健在であり，しかも世界を二分してにらみ合っているからです。

　ヘーゲルの欠陥は順序数のマジックに引きずられた点にありますが，順序の担い手である「自由」の概念にも問題があります。ヘーゲルが19歳のときにフランス大革命が起こりました。ヘーゲルはヘルダーリンやシェリングとともに革命を喜び自由の木を植えたという話が残っています。だからヘーゲルにとって自由というものが新しい時代のシンボルとして大切なものであったことは理解できます。しかし自由というものはフランス大革命の旗印にはちがいありませんが哲学的概念としては実に曖昧なしろものです。いくらでも拡大解釈して乱用できるからです。だから自由の一語をもって国家

がまとまるはずがありません。国家がきちんと成立するまでには自由を権利と置きかえそれと同時に義務を負わせるというふうに整備していかなければならないのです。

　以上でガイストなるものの御大層な働きの紹介を終りまして，これから図32(182頁)をもとにしてヘーゲル哲学の棚下しを始めます。上段の理性は一方では数学的理性と論理学的理性を抜きとられ，他方ではガイストに主導権を奪われ看板倒れの哀れな状態になりましたので，パスします。次にヘーゲルのいう現実の哲学についてですが，彼が最高の共同体としてプロイセン帝国をもち出したのは確かですが，これは彼の時代の「最高」であっても「最終」ではありませんでした。しかしドイツ人も馬鹿ではありません。遅ればせながらそしてときには挫折しながらも，次つぎと政治改革を進め，現在では「ドイツ連邦共和国」という名の立憲民主制の国家にたどりついたのです。そしてこの国家は正真正銘現実の国家でしてガイストの国家ではありません。

　ヘーゲルの死後，ヘーゲル学派は残りましたがもちろんドイツ哲学界の主流とはなりません。マルクスは例外として，ヘーゲルの奇妙な弁証法など誰も使おうとしません。そしてヘーゲルのガイストの国という思想ももちろん受け入れられませんでした。ドイツの哲学者たちは健全だったのです。しかしこうして立ち消えになってしまったガイストの国とはいったいなんだったのでしょうか。おそらくそれはプラトンの理想国，アウグスティヌスの神の国と同様に頭の中でつくり出された国であり，それゆえどれも幻想の所産だといってよいでしょう。だとすればそういうガイストの国は消失しても当然であり，一場の夢だと考えてよいでしょう。ドイツの哲学者たちはもはやヘーゲル流の法哲学には見向きもせず，デモクラシーを基礎づける堅実な法哲学をつくり始めるのです。

以上で図32のヘーゲルの欄の三つのセクションに評価を下しましたが三つともいいとこなしとしかいいようがありません。しかしそれはさておき図32を見ますとヘーゲルはなんと複雑な人だったかと思います。ゴリラとクジラの合成物であるゴジラどころかライオンの頭，蛇の尾，山羊の胴からなるキマイラのように思えます。だとするとそれは幽霊でなしに怪獣だということになりそうです。

　改めて図29(172頁) と図32を較べてみましょう。図29は矢印からわかるように左から右へとすいすいと滑らかに進んでいます。そして終着点は常識です。しかし図32には流れがありません。プラトンとアリストテレスは睨み合ったままです。これではならじとまん中にヘーゲルを置きました。しかし図で示したように両方に通気口が開いてはいるものの斜線でプラトンとアリストテレスは遮断されています。とはいえ左の通気口よりも右の通気口の方が健全であることは確かです。だから斜線はそれなりに立派な働きをしているといえます。

　図29のほかに図32をつくりました。しかし図29がオプティミスティックであるのに反し図32は見ていて気分がすぐれません。その理由はヘーゲルなどをもち出したからにあるのでしょう。しかしわざわざヘーゲルをもち出したのには魂胆があったのです。それは図32の矢印で示されているように，ヘーゲル哲学がマルクスの哲学を生み出したことを証明したかったからなのです。

　マルクスの師匠のヘーゲルから始めます。前にヘーゲルはアリストテレスと違って家―市民社会―国家という三つ組をもち出したといいました。つまりヘーゲルはアリストテレスにはない市民社会なるものを登場させました。アリストテレスは家―村―国家のどれもが共同体でした。しかしヘーゲルの場合市民社会はcommunityではなくsocietyなのです。しかも市民とはいってもそれはブルジョ

アのことなのです。ヘーゲルは自分の時代になってブルジョア社会なる新しい存在が出現したことに気がつきそれを無視できなくなったのです。この点での彼の現実感覚はさすがです。しかしsocietyとcommunityは全く異質の存在です。しかも前者は後者からの逸脱です。しかしこれは許しておけません。そこでそうした曲った軌道をcommunityとしての国家へと引きもどしたのです。

　ブルジョアは資本家といわれますが平たくいえば資産家のことであり大金持のことです。これはヘーゲルの精神の国にはそぐいません。だからヘーゲルはあわててそれを押し隠そうとしました。しかしそれでもこのほころびは防げません。精神の国に大きな穴が開いたのです。そして図32の下向きの矢印はこのことを示しています。

　こうしてヘーゲルの精神の国に大きな瘤が生まれました。しかしこれはもはやヘーゲルの手におえません。そこで登場したのがマルクスだったというわけです。彼はこの瘤の中でヘーゲルとは別の新しい世界をつくりだします。だとするとそれはどんなものだったのでしょうか。彼の哲学体系は唯物論的弁証法といわれています。これはdialectic materialism，略してdiamatの訳です。dialecticの方はヘーゲルからの直輸入です。しかしmaterialismは違います。この語は観念論という語の反対語として使われます。しかし観念論つまりidealismもさることながらmaterialismという語も意味が曖昧で使うのが恥ずかしいといってよいことばです。だから筆者はそんなことばは使いません。

　それはとにかくとしてマルクスはヘーゲルがためらったブルジョア社会なるものを正面に見据えこれと格闘します。『資本論』はその結晶です。しかしこの書を読み始めますとヘーゲルを読むのと同じ気分に襲われます。両者はその内容は違いますが骨組は全く同じなのです。骨組とはもちろん弁証法的な骨組で三つ組を次つぎとくり

出すやり方です。しかしこれは予めいくつものスペースをつくっておきそこを無理やり埋めるという，いわゆる員数主義の手法でして感心できません。この点ではマルクスはよほどヘーゲルに惚れこんだのでしょう。

　『資本論』は経済学書ですからもちろんヘーゲルのガイストの国からは飛び出しています。まさしくそれは現実の学です。しかし彼のそうした経済学はさておくとして彼の哲学について検討しましょう。するとこの点では当然ヘーゲル哲学の壮大さには及びません。しかしマルクスには独特の哲学があります。そしてそれが共産主義です。もちろん共産主義の創始者はマルクスではありません。それにはいろいろの先駆者がいます。『使徒行伝』4-34にこうあります。「地所や家屋をもっている人たちはそれを売り，売った物の代金をもってきて使徒たちの足もとに置いた。そしてそれぞれの必要に応じて誰にでも分け与えられた」。『使徒行伝』2-44「信者たちはみな一緒にいていっさいの物を共有にした(have all things in common)」。これはイエスの使徒教団の話ですが，ヨーロッパ中世の修道院でも，そして悪名高い日本のオウム真理教でも同様のことがおこなわれました。そしてこの思想はマルクスの「各人は能力に応じて働き，必要に応じて受け取る」という来たるべき共産主義の姿と似ています。キリスト教教団は宗教的コミュニティです。しかしマルクスのいう共産主義集団は宗教教団ではありません。とはいえどちらもコミュニティです。ソサエティなら絶対に共産制などは受け入れません。ヘーゲルはブルジョア社会を前にしてびびりました。そしてコミュニティである国家を死守しようとしました。この点でもマルクスは師匠に似ております。マルクスはブルジョア社会つまり資本主義社会を憎みました。そしてその反動として共産主義を奉じたのです。

　以上述べたところから共産主義というものがだいぶわかってきま

した。そこで改めてcommunismということばの意味を分析して
みます。しかしその前にcommunityということばにもどります。
この語は以前に何度か述べましたようにcommunisというラテン
語がもとであり，共同体のメンバーの全員が共同体に労役や租税を
納める義務をもつという意味です。しかし納める物は全財産ではな
く自分の財産の一部分です。しかし一部分でなしに全部を差し出す
ということになればたいへんです。ところが共産主義は後者を要求
するのです。しかし常識人にすればこれはたいへんなことです。と
てもそんなすごい体制を受け入れることができません。ところが共
産主義は全財産の差し出しを特別の人だけでなしに全国民に強要す
るのです。しかしこんなことは現実世界では至難の業です。それを
完全に実現しようとすれば，現実の世界ではまず無理です。しかし
超現実の世界をつくれば可能です。ただし超現実世界といってもヘ
ーゲルのガイストの世界ではありません。共産主義イデオロギーで
支配される共産主義的社会です。こうしてまたもや新しい超現実的
世界が誕生しました。

　超現実的世界は現実世界とは違います。この両者が別べつの場所
に存在すればトラブルは起こりません。ところが超現実世界が現実
世界に侵攻するとなればたいへんです。そしてこの事態が歴史上実
際に起こりました。それはまずキリスト教で始まります。キリスト
教教団は使徒の時代からどんどん大きくなります。それは精力的に
布教をおこなったからです。使徒つまりapostolとはgospelつまり
good news（福音）のmessengerという意味です。こうした福音の
mission（伝道）はpropaganda（布教）ともいいます。そしてこれは種
をばらまくということばがもとの意味です。

　布教はローマから各地へと広まりますが，ゲルマン人の地ドイツ
にも到達します。しかし効率を考え改宗はまず人口の密集する都市

の方から始められました。田舎はあとまわしです。田舎のことをドイツ語ではHeideといいます。ゲーテの「野ばら」に出てくることばです。このドイツ語は英語ではheath（ヒースの生い繁る土地）といいます。両者はともにゲルマン語ですから似ているのは当然です。英語を使いますとこのheathからheathenが出てきます。これはもちろんヒースの生える地に住む人間つまり田舎者という意味です。しかしこの語は今でも異教徒という意味で使われています。田舎の人間は布教が遅れ，それまで信じていたゲルマン人固有の信仰をもっていたからです。こうした実例から見てもキリスト教なる外来の宗教がことわりなしに異国の地に闖入したと断じてもまちがいがないでしょう。前に共産主義はキリスト教の思想の二番煎じのようなものだといいましたが，この共産主義もやはり，ヨーロッパ全土そしてアジアにまで布教活動を始めます。これもことわりなしの侵攻といわれても仕方がありません。

　こうしてキリスト教と共産主義のつながりがわかってきました。ヘーゲルのガイストの国ははっきりとキリスト教の残滓が見られましたが，共産主義もヘーゲルを通じてキリスト教の性格が受け継がれていたのです。

　もちろんキリスト教の広がり方と共産主義の広がり方には相違点があります。キリスト教はキリスト教紀元（AD）元年からドイツにまで到達するのに500年を費やしています。しかし共産主義の方はヨーロッパからロシアや中国にやって来るのはずっと短期間ですみました。この理由はキリスト教と違って共産主義が武力を使ってそれをやったからです。しかし武力を使わざるを得なかったのはキリスト教と違ってその進出には抵抗を伴ったからだということもできます。

　キリスト教と共産主義の相似性がわかってきました。それにヘー

ゲル哲学を挿入してみましょう。すると神の国からガイストの国そして共産主義の国という系列が生まれますがこれら三つとも超現実性という性格をもっています。そして超現実性をもつ国とは幻想のつくった国だともいえるでしょう。共産主義まで幻想の産物だといいきれないとすればイデオロギーのつくった国であるとはいえるでしょう。しかしこうした超現実的性質をもつ国はいわば空中楼閣的存在です。だからその存在を維持するにはものすごいエネルギーが必要となるはずです。しかしそれでも永続するという保証はありません。

　以上で図32の出っ張りの矩形の意味がおわかりくださったかと思います。プラトンの理想国は天上のものです。ヘーゲルの超理性はガイストの国でして奇妙なものです。しかしこれはまたたく間に消えました。しかしその落とし子の共産主義の国は手強いしろものです。ヘーゲルの国はせいぜい張りぼてのゴジラですが共産主義の国は恐竜です。物理的な暴力は強大です。

　長談義を続けてきましたがここら辺で終りとします。しかし突然打ち切るわけにもいきませんので，最後の図を掲げて掉尾を飾りたいと思います。次頁の図33は図29と図32を引き継いだものです。ただし無知（ignorance）だけを追加しましたがその理由は次のとおりです。アリストテレスは「すべての人間は生まれつき知ることを欲する」ということばを残しています。ここで欲するといっているのだから，人間は始めは無知の状態にあり，ここから出発し知を目ざすと考えるのが妥当だと考えたからです。ところで知を求めるといっても知にはいろいろの種類があります。そこでそのうちの重要なものを三つに絞りましたが，それが叡智と理性知と常識の三つなのです。こうして図33には四個の矩形がとり上げられたのですが，この四個の関係を明確に示すためにわざと簡略な図にしました。さ

てその関係を述べますと無知から知へのルートは三つあり，次に三つの知の間のルートは二つあることがわかります。そしてこれらのルートはすべて一方通行です。三つの知のうちの二つは常識を到達点にします。到達点までの距離は叡智の方が理性知よりも長くなっています。

　以上を総合しますと無知が常識にまで達するルートは3通りとなります。最短距離と中距離と最長距離の三つです。筆者は最短距離を支持しますが，そうすると残りの二つは迂回路ということになります。

　これから図33の枠組をもとにその内容を説明します。もっとも遠回りをしている叡智を通るルートが複雑ですのでここから始めます。「無知は信仰の母である」という諺があります。「崇拝は無知の娘である」という諺もあります。信仰も崇拝も宗教と呼びますから宗教が叡智の主要部分と考えてよいでしょう。

　次に理性知ですが「無学者論に負けず」という諺があります。論理学者が理をつくして話しても無学者には通じません。あっけらかんとしています。こうなると無知もなかなかのものです。「知らぬが仏。無知は至福である」ということばがあります。

　無知がおとなしく寝ころんでおればまだ安心ですが「法について無知なものはなんぴとをも容赦しない」という諺は人を恐怖におと

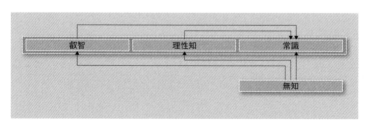

図33

し入れます。このように無知は厄介なものでして放置できません。人間はホモ・サピエンス（賢い存在）ですから無知なるものは動物であって人間とはいえません。だから無知の状態に居直ることは絶対にやめねばなりません。

　図33が示すように叡智も理性も常識へと向かうのが正しい道筋だと筆者は考えます。ところでこの道の途上にある理性の処遇ですが，無知から理性知の開発に努力しているのが論理学者であり数学者です。プラトンは叡智の手前にある存在としていちおう数学を評価しました。しかし宗教で代表される叡智よりも数学の方が人間にとって有用だと思われます。とはいえ数学や論理学でストップしてしまってはいけません。数学や数理によって組み立てられる科学は実は道具にしかすぎません。そしてこの道具を正しく使いこなすのが常識なのです。正しくといいましたが，科学は悪用されることもあります。しかしそれを止めるのは常識しかないのです。

　以上で図33の説明を終ります。図29と図32の間の食い違いは図33で調整できました。図33はきれいな整合性をもっています。首尾一貫し，つじつまもよく合っています。しかし問題はルートが三つあることです。私あるいは私たちがどのルートを歩むかということでその運命は全く違ってきます。いちばんラッキーなのはアリストテレスが教えてくれた無知から常識への直通便です。これはデモクラシー体制をつくりあげるための最短コースでもあります。このコースはスイスや北欧の国々そしてアメリカがとったコースです。このコースと無知から理性知へのコースが加わりますとベストです。しかしそんなベストなコースをとるケースはあまり多くはありません。ほとんどの国は迂回のコースを辿らされます。そしてこのコースでは叡智なるものが大威張りでのし歩き，常識が小さくなっているという状況が待ちかまえています。そしてそれは一国内で身分が

上下に二分され，哲学も思想も上層階と同調してしまい庶民の常識が踏みにじられているという事態なのです。

　上から目線の宗教も困りものですがそれに劣らぬ上から目線の哲学もよろしくありません。ところが通常の哲学史にとりあげられている哲学者のほとんどはそうした類いの哲学をいじくりまわしている連中です。しかしそんなものは庶民にとってはなんの意味もありません。だからそんなものは無視していいのです。とはいえそんなことがいえるのは常識を王座に据えるということに成功した民主主義国の国民だからこそ可能なのです。共産主義のイデオロギーを例にとりましょう。チベットという仏教国へ突如として共産主義イデオロギーで固められた大集団が軍隊を伴って侵攻し，抵抗を押し除け居据わったとしたら住民はどうしたらよいのでしょうか。こうした例は他にもたくさんあります。イスラム教の大集団が武力をもってスペインへ侵攻した場合です。原住民は武力が劣っていたのでなすすべもなく屈服します。しかしこの間に力を養って侵略者を武力で討ち負かし，レコンキスタ（再征服）を成功させるまでに800年を要しました。

　日本についていいますと，百姓たちは鎌倉幕府が送り出した守護と地頭の侵攻を受け好き勝手に地租をとり立てられることになります。こうした不法は幕末の武家政権の崩壊まで700年近く続けられました。日本と同様な権力支配はヨーロッパでもおこなわれ，百姓は農奴として封建領主とキリスト教会の両方によって，フランスの場合でいえば10世紀頃からフランス大革命までの800年間支配され続けてきました。現在では両国とも民主主義国家となりましたが，それまでに農民たちはよく似た長い屈従の時代を送って来たのです。この間にヨーロッパでは騎士道，日本では武士道というものが出現し，いまだに人気がありますが農民たちはそんなものとはまるで関

係のない独自の思想をもって自分たちの苦難の道を歩み続けていったのです。

　フランスや日本のように民主化を成功させた国の人間から見れば，屈従の時代は不健全そのものに見えます。そうした時代はまちがった暗黒の時代に思えます。しかしまわりを見回しますと自分たちのかつての状況と同じ境遇にある国ぐにが多数存在するのに気づきます。そうした国ぐにでは支配階級はあいも変らず宗教やイデオロギーを錦の御旗に立てて民衆を操っているのです。しかしそうした旗印は幻想にすぎないものだと声を大にして宣告すべきなのです。

　いったん手に入れた常識の立場は科学を武器にして，非常識なイデオロギーを屈服させ排除することが十分可能です。しかしできるならば不健全なイデオロギーで立てこもる側も自らが幻想の産物であり，しかも悪く行けば怪獣になりかねない危険な存在であることに気づき静かに身を退いてもらえれば，それは人類にとって願ってもない大きな慶事であることにまちがいはありません。

15

デモクラシーの支えとなる
近代哲学としては
アメリカの哲学者パースの
批判的常識主義がもっとも強力です

　本書の最終章は図33(196頁)とその説明で締めくくることにしました。ところで筆者は第1章で述べたように18歳のときにハイデッガーとカルナップという二人の哲学者の著作に触れました。そのとき哲学とはこういうものかと知って強い衝撃を受けました。しかしそれと同時にある種の不満足感をも抱きました。しかし長い年月を経たうえでなぜ二人の哲学者に満足できなかったかの理由がわかってきました。図33を眺めてください。哲学の健全な道は無知からストレートに常識の哲学へと向かうべきなのに二人の哲学者は脇道に逸れているということがわかったのです。つまりハイデッガーは常識からかけ離れた叡智の世界にはまりこんでいました。他方カルナップは理性知の探究を志し，大きな業績を挙げましたが，そこでストップしてしまい，常識の世界を忘れてしまったのです。

　筆者がなぜ図33にたどりついたかの理由はもう一度第1章を読み

返していただければわかりますように，生涯農村から離れずに過ごしたことにあるはずです。筆者は18歳を迎えて以来，京都の西郊の農村から京都の東山にあるアカデミーの地へと通い続けました。そしてその間に良き師に恵まれて多くを教えられ，良き友に恵まれて討論もしました。しかし農業と学問という二重生活はずっと続けられました。日曜には自家の農作業をやりました。灌漑用水や農道修理といった村仕事にももちろん参加しました。そして神社の御輿かつぎにも出かけました。御輿かつぎをやらない人間は村の共同体の一員としては認めてもらえないからです。

　筆者が農村で農民として地べたを這う生活を送った経験は，やはりものごとを考えるうえで得がたい贈り物を与えてもらったと思います。というのは，なにごとも地べたに不動の観測点を設置したうえでその観点から世界をみると実に面白いことがわかってくるからです。例えば農村社会学を研究している学者は民俗学者と同様に農村へ入って調査はします。いわゆるアーム・チェア（ひじかけ椅子）学者とは違います。彼らは確かに客観的なデータを提供します。ある程度農民との会話もおこないます。しかし農民は動物と違います。自分たちの生活の中で培った思考法をもっています。しかしここにまで手をつっこむことは至難の業です。農民は調査者のアンケートには答えられます。しかし外部の人間に本音をさらけ出すことはありません。彼らの本音はそれを共有する共同体の人間の間でしかわかりません。例を挙げますと洛西の村むらにも洛東ほどではありませんが名所旧蹟があります。出版社は有名な作家を使って探訪記を書かせます。彼らは忙しい身体ですからタクシーで駆け回ります。そして印象を書きつらねます。しかしその印象はその土地の人間にとって笑いの種子に類するものなのです。柳田國男は旅の人でした。これに習ったのか司馬遼太郎さんも日本中を回ってたくさんの旅行

記を書きました。嵯峨嵐山へも来て書物に仕上げました。筆者の村は嵐山のすぐ近くにあります。嵐山には有名な渡月橋が架っています。農村であるわが村は渡月橋のすぐ下流から水田のための用水路を開き水を引っ張っています。筆者も村民の一人として用水路の補修に参加したので取水口のことなど手にとるようにわかっています。ところで司馬さんも用水路のことはよく知っていてそれについての文章を書いています。しかしそれを読んで唖然としました。どこに目がついているのかというほどいいかげんなものでした。歴史的な知識を披露してはいますが，そんなものは現地の実態に較べれば問題になりません。

　こうして筆者は地べたで這っている人間のみが持ちうる特技を修得しました。そしてこの特技によって，現実離れをした幻想世界で研究している哲学者たちの仕事のすべてに批判の目を向け始めたのです。筆者が叡智なるものに絶望したのも種を明かせば泥にまみれた地べた主義のなせる業だったのです。

　こうして筆者はヨーロッパの哲学者たちの洗い出しを始めました。昔アメリカに「ゴースト・バスターズ（幽霊退治屋）」という題の映画がありました。都会にたくさんいる犯罪者狩りは警察の仕事です。しかし都会の真ん中で幽霊が出て悪さをするというのです。しかしこれは警察の手にはおえません。そこで幽霊退治屋というものが生まれ幽霊の退治に向かうという話です。日本でも昔から退治したいものがいろいろありました。鬼退治もそうですし鬼ならぬ山賊退治も人気がありました。しかし幽霊は鬼よりもこわいものとみえて幽霊退治の話はあまり聞きません。しかし「幽霊の正体みたり枯れ尾花」という句があります。弥次さん喜多さんも幽霊の正体はとりこむのを忘れた洗濯物だと気がつきました。そういう話はとにかくとして筆者はヨーロッパの哲学者が後生大事にしているもろもろの超

現実的存在が幽霊であると考え，それの退治をやってみました。そしてこの幽霊退治はプラトンの理想国，アウグスティヌスの神の国，ヘーゲルのガイストの国，マルクスの共産主義の国に向けられました。しかしヨーロッパのすべての哲学者が幽霊を信じているとは思えないので，筆者の地べた主義を活用して，空中楼閣の哲学でなく地べたの哲学が存在するかを探し始めました。もし筆者のような地べたの哲学の先輩が見つかれば，強力な味方を得て喜ばしい限りだと思いました。そしてやっと探し当てたのがアリストテレスでした。彼は哲学史では『形而上学』を書き存在論を生み出した高踏派だとされています。しかし筆者は彼の本音は凡人を主人公に据え，この凡人たちがデモクラシー国家をつくり出したのだと主張する哲学者だと気づきました。しかし彼のデモクラシー論は駱駝の通れるくらい大きい穴を開けたのではなく，蟻しか通れないほど細い穴しか開けてくれなかったのです。そこでこれでは不十分だと考え，いろいろ漁りまくったのですがなかなか見つからず，なんとアリストテレスよりも2000年遅れて生まれたスコットランドの哲学者トーマス・リード（1710-96）が常識哲学（philosophy of common sense）をつくっていたことを見つけました。早速読んで見ましたがもろもろの思弁哲学者とはがらりと変ったきわめて健全な哲学であることを確認して大いに意を強くしました。この哲学を詳しく紹介したいと約束をした覚えがありますがそれを果たせず申し訳ありません。

　リードの常識哲学は常識学派をつくったのですがヨーロッパの哲学界の主流とはなりませんでした。しかしそれはアメリカに渡りそこでアメリカの第一級の哲学者チャールズ・サンダース・パース（1839-1914）の目にとまります。彼はアメリカで「批判的常識主義（critical commonsensism）」を唱えますが，このことによってスコットランドの常識主義はパースにバトンタッチされたのです。アメリカ

ではすでにプラグマティズムが出現していましたが、パースはこれ
にあきたらず、自らの立場をプラグマティシズムと名づけて一味違
うことを顕示しました。パースが妙なことばを使って他のプラグマ
ティストと一線を画したのは、彼自身すぐれた数学者でありかつ論
理学者であったので常識哲学やプラグマティズムにそうした知識を
注入したからです。こうなりますと鬼に金棒でして、ここにもっと
も堅実でもっとも堅固な哲学が生まれました。はっきりいってパー
スの哲学の出現で哲学世界の覇権争いに勝負がついたのです。パー
スは自分の仕事が忙しくてデモクラシーの問題には手を伸ばせませ
んでしたが、この分野の問題はその後ジョン・デューイ（1859-1952）
が開拓しました。彼は中国と日本にやってきてアメリカのデモクラ
シーを紹介しました。それを聴講した日本の識者の一人が、彼が「マ
クラシー」ということばを連発したと語っています。デューイの講
演が中国や日本の聴衆になんらかの感銘を与えたことは確かです。
しかし彼の民主主義はとり入れられませんでした。もっと真剣に研
究しそれを受け入れていればよかったのですが、それをやらずに日
本は太平洋戦争に突入します。するとデモクラシーは敵国の哲学で
すから受入れられるはずがありません。しかし敗戦の末アメリカ軍
の占領で日本人はやっとデモクラシーをまともに研究できるように
なりました。筆者もその世代の一人でしてパースの著書の翻訳をや
って出版しています。筆者はその後アメリカで論理学を研究してき
ましたが、アメリカに渡ったヨーロッパの論理実証主義者たちがデ
モクラシーなどに関心をもたないのは当然ですが、アメリカでは論
理学とプラグマティズムとデモクラシーが一つにつながっているこ
とを確認できました。

　デューイの中国での講義の方が日本での講演よりも大きな影響を
与えたことは確かです。中国がアメリカのデモクラシーを学んでデ

モクラシー国家になっておればめでたしめでたしだったのですが，この希望は中国共産党の支配によって消し去られました。そして中国は日本とは全く反対の路線を走り続けているのです。

　ここまで書いてきましたが，読者の皆様には第1章で長ながと書きました筆者の個人情報をもう一度読み返してくださるようお願いいたします。筆者はその最後の所で自分はアカデミーの社会に見切りをつけ，自発的に自らを解放する道を選んだと書きました。ただしそのことによって悠々自適の生活を送りたかったわけではありません。それからも洛西に位置する農村の一隅からアカデミー世界のウォッチを続けました。このウォッチングは京都の哲学界だけでなしに日本中，さらには世界中へと向けられていました。いったんアカデミズムから距離を置きますといわゆる傍目八目というやつしで，いろいろの哲学の真贋が見わけられるようになります。そこでつい諸説の棚下しどころか，幽霊退治のまねごとまでしてしまいました。しかし仏教には破邪顕正ということばがあります。偽説を倒しただけでは十分ではありません。天台宗では破邪即顕正という都合のいいことをいいますがそれは安易というものです。これぞという正しい説を出してそれを公言しなければなりません。ですから洛西の農村にもどって毎日の生活を送り始めた筆者は顕正の方に全力を投入することになりました。老醜を厭わず地域の仕事をしたことについては触れません。哲学上の話だけを報告いたします。話を短くするため次頁に最後の図をつくりました。

　図34は図29(172頁)，図32(182頁)，図33(196頁)の三つを一つにまとめたものです。三個の矩形は四図とも共通ですが最後の図34は破線で分離されています。しかもそれは単なる分離ではなく睨み合っています。悪く行けば干戈(たてとほこ)を交えそうな雲行きです。図のチャンバラのマークは通常では古戦場を意味しますが，ひょっ

とするとこのマークが21世紀の戦場として書きこまれるかもしれません。しかし現実的な生なましい話は触れないでおきます。その類いの本はいっぱいあるからです。だから図34は哲学や思想に限られるものと考えてください。しかし筆者はこの話を他人事として話したくありません。傍目八目で図34をつくったのですが，筆者の立ち位置は決まっております。筆者は農村出身でして一時はアカデミズムに属する人間だったことがありますが，それから引き揚げ農村にもどりました。そして一介の庶民にもどったのです。ですから庶民の哲学であるデモクラシーの哲学の陣営に入るしか選択肢はありません。そしてこの陣営に入ったからにはそれを守ろうとすることは当然です。こうして図34において筆者の生まれたときから動かない立ち位置が再確認されました。すると次には残りの二つに対してどう関係するかが問題となります。位置関係からすれば科学を味方にしてとりこむのが賢明です。しかしイデオロギーに対しては原理上，手を握ることができません。だとすれば科学をしっかりとつなぎ止めておかねばなりません。というのはイデオロギーの方も科学そしてとりわけ科学にもとづく技術が欲しいからです。こうした配置図は膠着状態を意味します。しかしバランスが持続すればいいのですが，やがてそれは崩れます。だとすると自分の陣営が負け，領土も国民も踏みにじられることになりかねません。

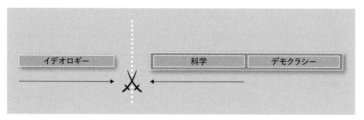

図34

図34の対立は物理的な対立でありますが哲学的な対立でもあります。そしてそれは常識とそれに基づく民主主義的な陣営対そうした常識を否定するイデオロギーを奉じる独裁者の支配する陣営との対立でもあります。だとすると物理的勝利はさておくとして思想の面で決定的な勝利を得てしまう方が得策です。筆者もこのことは重々わかっているのですが破邪の方に力を注ぎすぎてしまい，顕正の方は後まわしになってしまいました。だから体系的な形で常識の哲学，デモクラシーの哲学を提示できるまでにいたっておりません。まことに慙愧の至りです。努力だけは続けておりますが，年齢からみて後進に期待するほかないと思うようになってきました。

　後進への期待はもちろん疑いませんがもう一つの期待ももっています。これは独裁的イデオロギーで凝り固まってしまった近隣の諸国が自らのイデオロギーが維持不能であることを認めて通常の思想つまり民衆を見下ろさず，デモクラシーを常識として認めてほしいのです。近隣大国の中国についていいますと1939年に北京でおこなわれた学生たちのデモ（五四運動）の目的はもちろん日本の不当な行為に対する抗議であったことに違いはありません。しかしそのとき彼らは同時に「徳謨克拉西（徳先生）」と「賽因斯（賽先生）」をもスローガンとして掲げていたのです。そしてこの二つは図34のデモクラシーと科学のことです。この二つを捨て，不可解なイデオロギーに走ってしまった現代中国がもう一度この原点に立ち返ってくれれば無駄な対立など吹き止んでしまうはずです。こうした希望は多くの人びとが抱いたのですがことごとくその期待は砕かれてきました。私たちは恐れずにこうした事態から目をそむけてはならないのです。

　最後に若い読者にいっておきたいことがあります。「すべての道はローマに通じる」という諺があります。しかしこれはまちがいです。ある人びとは神の国を目ざします。ある人びとは極楽を目ざします。

またある人びとは共産主義のパラダイスを目ざします。それぞれの目ざすところは恐しく異なっています。筆者はそれぞれの目的を目ざして努力することを止めろとはいいません。しかし全人類の規模から見るとそれらのどれをとっても少数派でしかありません。どの党派も自分の勢力を全世界に広げようとして莫大なエネルギーを費しているのですが，そんなことが無理であることは常識から見てわかります。常識的にというならば常識人による常識人のための国づくりがもっとも自然です。そして常識人の国とはもちろんデモクラシーの国家のことです。人はそれぞれ自分の目的をもって生きています。国づくりを目ざす人びともいますが目先にぶら下がっている目的に寝食を忘れてがんばっている人もいます。後者の人びとの目的は昔は立身出世して故郷に錦を飾るといったものでした。そして村人たちはそれをもてはやしました。近ごろは有名な芸能人になってテレビに出たいと思う人がいます。またスポーツ界で優勝の栄冠を得たいと思う人もいます。しかし誰もがそんな幸運に恵まれるわけにはいきません。少数派を除けば無数の人びとが最初の目的を果たせません。しかし大部分の人はあきらめて普通の道を選びます。なかには絶望のあまり悲劇的な結果を招くこともあります。でもみなさんは普通の職業を選び普通の道を選ぶことに誇りをもってください。そしてその職場でよく働くほどよいことはありません。それでもなお労働の本当の目的を忘れないでください。みなさんは自分たちの労働を結集して自分たちの手で自分たちのための国つまりデモクラシー国家をつくることが最終の目的だと気づいてください。個人だけが目的を決めそれが達せられたか失敗したかで大騒ぎするのは大したことではありません。たとえ自分のおこなっている労働が地道なものだとしても，この労働がデモクラシー国家の建設につながっているのだと考えれば自分の仕事に誇りが生まれます。こう

した大道が開けているのだということがわかれば他の目的は二の次三の次になります。いわゆる高名争いは蝸牛角上の争いにすぎないと思えてきます。

　若い人の中には生きる目的が見つからずpurposeless（確たる目的をもたない）状態で悩んでいる人がいます。しかし個人個人がどう生きるかで悩むことも大切ですが，われわれは生き方は異なってもどの道もデモクラシー国家の建設という目的があるのだとわかれば選ぶべき道はおのずと決まります。そしてそれこそは自分だけでなく自分たち，そして全国民を幸せにするという民主国家への道なのです。どうかそのことに気づいて健全で生きがいのある日常を送ることを希望いたします。先に「すべての道はローマに通じる」は嘘だといいました。しかし目的地のローマを「デモクラシー」ということばに置き替えさえすれば，そのことばは正しいといえるでしょう。

感謝のことば

　本書の著者として筆者は十川治江さんと編集・制作部の皆さんに厚く御礼申しあげたいと思います。本書は見たところ奇書だと思われても仕方がない体裁をとっています。奇書のことを英語ではunusual（通常でない）といいます。それにもかかわらずみなさんは出版をひきうけてくださいました。この本が日の目を見て読者の皆さんに実はusual（普通）のことを書いているにすぎないと気づかれることを切望いたします。

　次に身内のことで恐縮ですが，筆者の次女山下順子にも感謝したいと思います。彼女は自分の仕事をもっているにもかかわらず老いたる筆者の執筆生活を見ていろいろ気遣ってくれたからです。しかし彼女はそのことで感謝するなどと書かれればびっくりするに違いありません。

　古代ギリシアでは人は家族のメンバーであると同時に村のメンバーでもありさらには国のメンバーであるというすこぶる健全な考え方をもっていました。このことを知ってか知らでか彼女は村のコミュニティにも充分のつとめを怠っていません。一家のことだけでなく村のことをも忘れないというのは日本の古くからの伝統です。だから彼女も意識せずに当りまえのこととして身体を動かしているはずです。家のことを気遣い村のことをも気に掛けるということが当たりまえという平凡な考えは貴重なもので，失いたくないと思わせられます。

令和5年6月15日
京都西郊にて　山下正男

著者紹介

山下正男（YAMASHITA, Masao）
1931年生まれ。京都大学人文科学研究所名
誉教授。

主な著書に『新しい哲学：前科学時代の哲学
から科学時代の哲学へ』(培風館 1967)，『科
学時代をどう生きるか：科学と科学でないもの』
(講談社現代新書 1967)，『論理学史』(岩波
全書 1983)，『論理的に考えること』(岩波ジ
ュニア新書 1985)，『思想としての動物と植物』
(八坂書房 1994)，『思想の中の数学的構造』
(ちくま学芸文庫 2006)，『図解き　論理的哲
学史逍遥』(工作舎 2020)など。
主な翻訳書に，ショルツ『西洋論理学史』(理
想社 1960)，カント『前批判期論集 第I』《カン
ト全集2》(理想社 1965)，W. C. サモン『論理
学』(培風館 1967)，『パース 論文集』《世界
の名著 48》(中央公論社 1968)，W. v. クワ
イン『論理学の哲学』(培風館1972)，ライプ
ニッツ『中国学』《ライプニッツ著作集 第I期
10》(工作舎 1991)などがある。

西欧デモクラシーの哲学的伝統
アリストテレスにはじまる

発行日
2023年12月20日

著者
山下正男

編集
十川治江＋塩澤 陸

エディトリアル・デザイン
小倉佐知子

印刷・製本
シナノ印刷株式会社

発行者
岡田澄江

発行
工作舎
editorial corporation for human becoming
〒169-0072
東京都新宿区大久保2-4-12
新宿ラムダックスビル12F
phone：03-5155-8940
fax：03-5155-8941
www.kousakusha.co.jp
saturn@kousakusha.co.jp
ISBN 978-4-87502-560-3

ライプニッツ著作集

【第I期】新装版 全10巻

❖ 下村寅太郎＋山本 信＋中村幸四郎＋原 亨吉＝監修　●A5判上製●本体8200円〜17000円＋税

バロックの哲人の普遍的精神の全容を精選・翻訳した本邦初、世界に類のない著作集。論理学、数学、自然学、哲学、宗教から中国学・地質学・普遍学まで、多岐にわたる主要著作を総合的に編集。

【第II期】 全3巻

❖ 酒井 潔＋佐々木能章＝監修　　　　　　　●A5判上製●本体8000円〜9000円＋税

第1巻『哲学書簡』から、第2巻『法学・神学・歴史学』、第3巻『技術・医学・社会システム』まで、生涯宮廷顧問官として活躍したライプニッツの「理論×実践」を貫いた生き様を追う。

ライプニッツ術

❖ 佐々木能章　　　　　　　　　●A5判上製●382頁●本体3800円＋税

ライプニッツの尽きることのない創造力の秘密はどこにあるのか。「発想術」「私の存在術」「発明術と実践術」「情報ネットワーク術」の四つの視座から哲学の生きた現場に迫る。

形而上学の可能性を求めて

❖ 山本 信ほか　　　　　　　　●A5判上製●464頁●本体4000円＋税

ライプニッツとウィトゲンシュタイン、心と身体、時間と無…。戦後日本哲学界を支えた山本信の論文を精選。加藤尚武ら学統による論考・エッセイから、大森荘蔵との親交、思想の精髄が明らかに。

寛容とは何か

❖ 福島清紀　　　　　　　　　●A5判上製●392頁●本体3200円＋税

様々な対立によって引き裂かれた世界のなかで、寛容は共存の原理たりうるか？　ヴォルテール、ジョン・ロック、ライプニッツ等の寛容思想の系譜を辿りながら、現代に問いを投げかける。

デカルト、コルネーユ、スウェーデン女王クリスティナ

❖ エルンスト・カッシーラー　　　　　　　●A5判上製●200頁●本体2900円＋税

17世紀、隆盛を誇ったスウェーデンの女王クリスティナ。その突然の退位とカトリックへの改宗は、師デカルトの影響か。英雄的精神と至高善を探求した、カッシーラーの隠れた名篇。

デカルトの生涯【校訂完訳版】

✛アドリアン・バイエ　　　　　　　　●A5判上製・函入●1306頁(2分冊)●本体12000円＋税

哲学者デカルトの人と思想について, 同時代に書かれた最も詳細で浩瀚な伝記。実生活の負の側面や17世紀の社会情勢までも緻密に描き, 後世のデカルト解釈に影響を与えた名著。

モナドから現存在へ

✛酒井潔ほか　　　　　　　　　　●A5判上製●456頁●本体4000円＋税

ライプニッツからハイデッガーへ。日本ライプニッツ協会の会長を務め, 世界のライプニッツ研究を牽引した酒井潔教授のもとで教えを受けた23名の研究者たちによる退職記念献呈論集。

身体化された心

✛フランシスコ・ヴァレラほか　　　　　●四六判上製●400頁●本体2800円＋税

仏教, 人工知能, 脳神経学, 進化論などとの連関性を考察しながら, 認知を「身体としてある行為」と見る「エナクティブ(行動化)認知科学」の手法に至る刺激に満ちた書。

従軍中のウィトゲンシュタイン［略］

✛谷 賢一　　　　　　　　　　　●四六判●184頁●本体1400円＋税

気鋭の劇作家・演出家, 谷賢一による, 哲学者ウィトゲンシュタインの若き日を描いた戯曲。「語り得ぬものについては沈黙しなければならない」の一節にたどりつくために何があったのか。

貢献する心

✛谷川多佳子＋上田紀行ほか　　　　　●四六判変型上製●196頁●本体1400円＋税

他者を思いやり, 助けることに喜びを見出す生物, ヒト。野生動物にはない特性「貢献心」をめぐり, 文化人類学の上田紀行, 進化生物学の長谷川眞理子, 作家の瀬名秀明ら6名が語り合う。

ペルシャの鏡

✛トーマス・パヴェル　　　　　　　　●四六判上製●168頁●本体1800円＋税

ライプニッツの弟子の手になる『批判的注釈』の発見が, 主人公をもうひとつの可能的世界へ向かわせる。幻想の書と実在の書が照応しあい, 読者の認識を多層化していく迷宮小説。